清濁與風骨

建安文學研究反思

樊善標 著

匯智出版

目錄

序 .... 陳志誠　　1

清濁陰陽辨
——曹丕「以氣論文」再詮釋 9

「建安風骨」術語系列成立基礎的檢討
—— 一個概念的「史前史」 53

沈約《宋書‧謝靈運傳論》「子建、仲宣以氣質為體」小議 95

文學史寫作方式與「建安風骨」論說 103

劉師培文學史觀念的轉變
—— 由「建安文學，革易前型」切入 153

附錄：在香港「讀中文」
—— 一個中文系學生、教師的香港身份反思 191

後記 213

序

陳志誠

　　《清濁與風骨——建安文學研究反思》是樊善標教授撰寫的一本學術性論文集，主要包括〈清濁陰陽辨——曹丕「以氣論文」再詮釋〉、〈「建安風骨」術語系列成立基礎的檢討——一個概念的「史前史」〉、〈沈約《宋書‧謝靈運傳論》「子建、仲宣以氣質為體」小議〉、〈文學史寫作方式與「建安風骨」論說〉、〈劉師培文學史觀念的轉變——由「建安文學，革易前型」切入〉等五篇文章。這五篇文章，雖然重點不同，但都圍繞着魏晉時期特別是建安文學的研究來討論，所謂「反思」，可說是對研究的「研究」。換言之，就是針對不同學者就不同論題的研究所得再行檢視，看看其中的成果是否仍有值得商榷的地方，是否仍有再進一步探討的需要。

　　樊教授提出來要「反思」的，都是恆常習知、而且是文學史上相當重要的論題。眾多學者對之論析的已頗不少，要將這些論題再加討論，再詮釋其真確內涵意義，若沒有堅實的論據，深厚的了解，實在殊非容易。樊教授對有關問題的論述，顯示他曾下過很深入的功夫，也反映出他對學問的嚴謹態度。

　　首先，關於「以氣論文」的問題，那是針對曹丕《典論‧論

文》中「文以氣為主」的一段說話來討論的。《典論》是曹丕所著的一本書，曾刊刻於洛陽的石碑上，唐以後即已不存，原書亦佚。大部分篇章，只能於輯佚書中得窺其面貌。其中〈論文〉一篇，則因《昭明文選》的選錄而得以較為完整地保存下來。

〈論文〉篇幅雖短，只得六百餘字，但討論「文」的問題卻相當廣泛，對文人相輕的現象和理由、對同時並世作家的評價、文學獨立價值的覺醒、文章體類特點的分析、以及文與氣關係的理論等，都有特殊而具開創性的意義，是中國文學批評史較早、也較完備的名篇。尤其「文以氣為主」之論，更引起後世不少文論家的注意和討論。

「氣」在我國是早在先秦時期便已具有的概念，《孟子》的「養氣」論、《公孫龍子》的「情深而文明，氣盛而化神」、《莊子》的「通天下一氣耳」及「氣也者，虛而待物者也」、《列子》的「心合于氣，氣合于神」等等說法相當多。不過，這些說法，都屬於哲學或醫學上的概念，把「氣」跟「文」連上關係來說的，恐怕曹丕「文以氣為主」的說法應該是最早的了。他在〈論文〉中是這樣說的：

> 文以氣為主，氣之清濁有體，不可力強而致。譬諸音樂，曲度雖均，節奏同檢，至于引氣不齊，巧拙有素，雖在父兄，不能以移子弟。

這段論說出現以後，「以氣論文」成了其後不少文論家評論作家或作品時的依據。像稍後的劉勰，在《文心雕龍》中便多次

提到氣跟文的關係、氣對作品的作用等。如「神居胸臆，而志氣統其關鍵」（〈神思〉）、「慷慨以任氣，磊落以使才」（〈明詩〉）、「至於魏之三祖，氣爽才麗，宰割辭調，音靡節平」（〈樂府〉）、「故宜條暢以任氣，優柔以懌懷」（〈書記〉）、「才有庸俊，氣有剛柔，……風趣剛柔，寧或改其氣」（〈體性〉）、「公幹氣褊，故言壯而情駭」（〈體性〉）、「相如賦仙，氣號凌雲，蔚為辭宗，乃其風力遒也」（〈風骨〉）等。在《文心雕龍》全書五十篇之內，除了有一篇〈養氣〉外，其餘還有三十篇中曾出現關於「氣」的理論，總共有七十九次涉及「氣」字的用例。儘管當中所提及的，未必是同一種涵義，但總跟文學或文學創作有關，這不能不說是受到曹丕的啟發。

　　《文心雕龍》之後，歷代文家論文學寫作，往往都會提及「氣」。像唐代韓愈有「氣盛則言之短長與聲之高下者皆宜」（〈答李翊書〉）之論，清初葉燮有「文章者，所以表天地萬物之情狀也。然具是三者，又有總而持之、條而貫之者，曰氣。」（《原詩》）的說法，到清中葉桐城派三祖之一的劉大櫆更有「行文之道，神為主，氣輔之，曹子桓、蘇子由論文，以氣為主，是矣。」（〈論文偶記〉）的主張。至於桐成派另一些主要人物如方苞、姚鼐、曾國藩等，他們或則主張文章須有氣，或則主張文章有陰陽剛柔之分，或則把氣跟陰陽剛柔之美連上關係。究竟這些論述中的「氣」，與曹丕所論的「氣」，涵義是否相同？而曹丕所謂「氣之清濁有體」，又應該是甚麼意思？至於〈論文〉中所謂「逸氣」、「齊氣」等概念所指的又是甚麼？作為首倡「以氣論

文」者，曹丕所論，既與之前不同，亦與之後有異，我們自應首要弄清楚。

樊教授〈清濁陰陽辨——曹丕「以氣論文」再詮釋〉即針對論者就曹丕「氣」之意義的論述，有所不愜意而作的再詮釋。這些論者，既有古人，但更多的，則是現代的學者。包括羅根澤、郭紹虞、張仁青、穆克宏、羅宗強、王運熙、楊明、張少康、劉三富、徐復觀等這方面有關的學者。經過他反覆的論證，細緻的分析，然後得出以下的結論：曹丕〈論文〉裏的清濁主要指文學造詣的高低，與風格無關。因而評論建安作家時，重點亦在其造詣而非風格上的差異，加上其評論也沒有嚴密的系統，所以不能稱之為「文氣論」。另外，曹丕主張不同的文類應有不同的風格，唯適才方能各體篤擅。

其次，就「建安風骨」問題，不少論者都將「建安風骨」作為描述建安文學的特徵，很多文學史提到建安詩文的時候，也特別以「建安風骨」來說明。樊教授在〈「建安風骨」術語系列成立基礎的檢討——一個概念的「史前史」〉文中詳細檢視了「建安風骨」這個概念之所以形成、演變的歷史，目的在探討文學研究者是怎樣運用概念來主導其研究，或者是否以特定的概念來塑造其文學形貌。樊教授指出「風骨」這個概念早就存在，《文心雕龍》即有〈風骨〉篇對這個問題作系統性的論述，一般「建安風骨」論者總認為此乃「建安風骨」論溯源所自，實則〈風骨〉篇並未提及「建安風骨」這個術語，直到宋朝嚴羽的《滄浪詩話》，這個概念才正式給提出來。

　　由《文心雕龍》到《滄浪詩話》之間，共約五、六百年，這段期間，就是樊教授所謂的「史前史」階段。這階段當中，包括《文心雕龍》的〈風骨〉篇、鍾嶸《詩品》所謂的「建安風力」、陳子昂〈修竹篇序〉所謂的「漢魏風骨」、李白〈陪侍御叔華登樓歌〉的「蓬萊文章建安骨」，到嚴羽《滄浪詩話》的「建安風骨」。這些，都是樊教授所謂「『建安風骨』系列術語」。此外，還特別提及一些所謂「次要術語」，來自裴子野的〈雕蟲論〉、李善〈上《文選注》表〉、沈約《宋書・謝靈運傳論》、《文選》六臣注中的劉良注、殷璠《河嶽英靈集》等，究竟這一系列術語和次要術語是否可以連綴成一個連續性的概念，樊教授認為大有可疑，要設計出一個能夠同時適用於《文心雕龍》、《詩品》乃至《滄浪詩話》等文獻的「建安風骨」定義，恐怕並不可能，因而亦否定由這一概念衍生出來的一套文學史論述。

　　最後樊教授提出他的結論，認為「建安風骨」論述最嚴重的缺失，是把三個文學史研究的課題不完整地絞纏在一起：一是建安文學不等如「建安風骨」，建安文學的特色應該是多元的、流動的，要研究建安文學的特點，株守「建安風骨」這個概念便成了障礙。二是若把「建安風骨」說成建安文學受歷代推許的原因，則論者會預先將建安文學放在特定的位置上，從而使正面評語獲得特別強調，而淹沒了負面的評語，如此建構出來的文學史變得不合理。三是論者連綴不同的詞語構成「建安風骨」術語系列，結果會扭曲某些古代文評家的體系。刻意強調某些術語，以壓抑另一些術語，令這樣的主線無法通過文獻分析的考

驗。

　　除了上述的論文外，樊教授還有〈沈約《宋書‧謝靈運傳論》「子建、仲宣以氣質為體」小議〉和〈文學史寫作方式與「建安風骨」論說〉二文，前者論述建安作家中所謂的「氣質」之意。後者則從「建安風骨」論提到近現代文學史的編寫方式。特別難得的是，樊教授列出晚清至 1950 年代末總共 169 種與建安文學有關的文學史著作，雖然這些著述，並非人人可以全部閱讀過，甚至當中有些已經不易找到，但能如此詳盡地把書目羅列開來，不單利便有興趣者去查閱、參考，就是純從資料保存與整理的角度而言，也可說是難能可貴的。

　　最後，書中還有一篇〈劉師培文學史觀念的轉變——由「建安文學，革易前型」切入〉的文章，詳細地論析劉師培《中國中古文學史》就建安文學的表現和作家風格特色所作的論述，以探討其文學史觀念的轉變問題。

　　劉師培是清末民初一個傳奇而又頗具爭議的人物，其曾祖劉文淇，祖父劉毓崧，是清代乾嘉之學的知名學者，他可說是家學淵源，對國故學問深具根柢。在短短的三十六年生命中，他著述豐富，無論經學、史學、小學、文學、校勘學等學術範疇，他都成就非凡。章太炎曾稱讚他的學問「千載一遇」，實非虛譽。然而，處於清末那個翻天覆地的大時代，他卻表演出其善變的一面。他早年決意要「攘除清廷，光復漢族」，取名「光漢」，主張革命，提倡民主共和，支持白話文等等，態度相當積極，也非常激烈。可是，他其後的政治取態卻與此完全相反，

他投入滿清朝臣端方成為其幕僚，捍衛清廷以壓制革命，最終甚至成為擁立袁世凱稱帝的「籌安會」六君子之一。受蔡元培之聘為北京大學教授之後，他又糾集一批教授學生公開反對蔡元培所認同的新文化運動。凡此種種，除了反映他善變的性格外，實難以有合理而又令人信服的解釋。

劉師培文學史觀念的轉變，雖不如他政治思想轉變那麼大，但亦不致於一成不變。何況，話題源自他課堂上的講義，有所轉變也可理解。他 1917 年應蔡元培之邀到北京大學講授中國文學，因而編成《中國中古文學史講義》，但他兩年後即 1919 年便離世，所以該講義只是大學的原印本，在他生前並未正式出版過。及後 1923 年始由北京大學出版部出版，1957 年由北京人民文學出版社重印，加上標點，定名為《中國中古文學史》，1958 年香港商務印書館再將之重印。據蔡元培説，他當時「病療已深，不能高聲講演，然所編講義，元元本本，甚為學生所歡迎。」事實上，不管其文學史觀念怎樣轉變，他這本書已開創了中國中古文學史著述的先河。在論及漢魏六朝文學方面，當有一定的地位和價值，為學者所重視。魯迅先生 1928 年時曾説過，他所看過中國文學史一類的書，無一本好，只有劉師培的《中國中古文學史》，「倒要算好的」。他其後在〈魏晉風度及文章與藥及酒之關係〉的講演裏，亦認為該書對其研究有很大的幫助。

樊教授是我多年前在香港城市大學的舊同事，平素沉潛力學，根基深厚；無論新舊文學，研究或創作，都表現出色。轉

到香港中文大學之後，成就更為突出。這本《清濁與風骨——建安文學研究反思》，可說是學術論文最佳的示例之作。他不但針對不少現成的觀念再作深入的探討，就不少看來似乎已有定論的見解再作詳細的分析；而且論證翔實，言必有據，因而有嶄新的發現，是供有志於中國文學研究者，特別是對魏晉文學或建安時期文學研究者參考之用。即以一般文學愛好者來說，若能耐心細讀本書之後，亦肯定有莫大的進益，這的確是本深具學術價值的優良之作。樊教授那種在研究工作上勇於探索、鍥而不捨地去尋求真相的精神，即使面對權威學者的所論，仍然積極地去驗證他們的說法，而不會人云亦云，這是學術研究者應有的態度，也是一個真正學者難能可貴之處。樊教授的表現，正顯示他是個用心的學術研究者，也稱得上是個真正的學者，這是毫無疑問的。——是為序。

清濁陰陽辨

——曹丕「以氣論文」再詮釋

一、引言

　　《四庫全書總目‧集部‧詩文評類敍》説:「文章莫盛於兩漢,渾渾灝灝,文成法立,無格律之可拘。建安黃初,體裁漸備,故論文之説出焉,《典論》其首也。」[1]這裏的《典論》自然是《典論‧論文》的簡稱。有關文學性質、功能、規範等方面的言論,雖早已見於先秦兩漢載籍,但只是片言隻語,或只就一部、一篇作品,一種文類而發。學者大多同意,集中論述文學各方面問題的,仍當如《四庫全書總目》所説,以《典論‧論文》為首。[2]今所見〈論文〉全長不到六百字,但論述問題眾多,如文人相輕的緣故、對當世文人的評價、文類的要求、文章的價值等,其中最受注意的是:「文以氣為主,氣之清濁有體,不可力

1　清永瑢等:《四庫全書總目》(北京:中華書局,1965年),頁1779。

2　參考王運熙、楊明:《中國文學批評通史‧魏晉南北朝卷》(上海:上海古籍出版社,1996年),頁21。本文徵引此書皆出自楊明撰寫的部份。張仁青《魏晉南北朝文學思想史》(臺北:文史哲出版社,1978年)亦以〈論文〉「為中國文學批評之嚆矢」(頁424)。又,王夢鷗〈試論曹丕怎樣發現文氣〉一文認為「〔《四庫全書總目》〕其意蓋亦隱用文心雕龍序志篇所言歷代的文論而首舉『魏文述典』為説的。」(載王夢鷗:《古典文學論探索》〔臺北:正中書局,1984年〕,頁81,注6)。

強而致。譬諸音樂，曲度雖均，節奏同檢，至於引氣不齊，巧拙有素，雖在父兄，不能以移子弟。」[3]這幾句話加上〈論文〉前文評論徐幹孔融的「齊氣」「體氣高妙」、〈與吳質書〉評論劉楨王粲的「逸氣」「體弱」諸語，後世學者統稱為曹丕的「文氣論」，認為是具有開創意義的重要文學批評理論。[4]

　　然而「文氣論」諸語含義簡括，讀者勢須加入己意以闡發，其間不無見仁見智之處。張仁青《魏晉南北朝文學思想史》歸納古今人對篇中「氣」字的解釋為五派：（一）才性派、（二）氣勢派、（三）音律派、（四）風骨派、（五）折衷派。所謂折衷派即郭紹虞之說。張氏大致上同意此說，而有所補充。[5]張氏所引的郭紹虞《中國文學批評史》是1949年之前的版本，[6]此書其後在1955年推出改寫版，1979年改寫版重新排印時似乎也有輕微的改動。[7]以

3　梁‧蕭統（編）、唐‧李善（注）：《文選》，胡克家刻本（北京：中華書局，1977年），卷52，頁7下（總頁720）。

4　如羅根澤《魏晉六朝文學批評史》（臺北：臺灣商務印書館，1996年，臺2版）：「文氣說的淵源，雖然可以上溯於孟子的所謂『我善養吾浩然之氣』，但孟子並未鮮明的以之適用於文學。以氣為文學方法，似始於曹丕。」（頁77）張靜二《文氣論詮》（臺北：五南圖書出版有限公司，1994年）：「《典論‧論文》不但揭開了中國文學批評的初頁，更奠定了文氣論的基石。」（頁13）王運熙、楊明《中國文學批評通史‧魏晉南北朝卷》：「在中國文學批評史上具有悠久傳統的文氣說，就是從《典論‧論文》和《與吳質書》開始的。」（頁24）類似的說法還有很多，不具引。

5　見張仁青：《魏晉南北朝文學思想史》，頁435-439。

6　此書初版在1934年由上海的商務印書館出版，筆者所見則為1947年的第四版，文句與張仁青所引相同，但不知道初版至第三版的文句有沒有改動過。

7　見《中國文學批評史》（上海：上海古籍出版社，1979年新1版），「再版前言」（頁1-2）及「後記一」（頁698）。

最後的版本和張書所引對照，只是把文句改得更接近口語，主要意見沒有變動。[8]郭書影響力很大，後來的學者解釋「氣」字多少總參用郭紹虞的說法。但即使統一了「氣」字的解釋，對「文氣論」的體系還是可以有各種不同的理解和闡發，所以在郭氏以後的學者論及《典論·論文》時，仍難免紛紜歧出，似同實異。

另外，郭紹虞主編的《中國歷代文論選》也收錄了《典論·論文》。[9]該書的注釋和說明對「文氣論」諸語有清晰的解說，其論點與《中國文學批評史》不同但沒有明顯的矛盾，可以視為對郭氏舊說的發展，其說法在現代學者中亦頗有同調。[10]

但以上兩種說法，以及很多其他學者的論述，似乎都誤解了上引〈論文〉文句的一個重點，因而加入了大量不見得屬於原文所有的意旨，由此建構出一個和後世桐城派陰陽剛柔說過份相似的體系，將曹丕奉為從劉勰以至姚鼐、曾國藩等文氣論者的祖師。本文認為〈論文〉所謂清濁，沒有陰陽剛柔的意味，「文氣」的名稱也不符合篇中原意，曹丕只是「以氣論文」，他的論

8　郭氏還有一本《中國古典文學理論批評史》(北京：人民文學出版社，1959年)，是《中國文學批評史》的局部改寫本，其中對曹丕「文氣論」的意見仍舊沒有大改變，只是行文的政治意味較重，見頁67。

9　郭紹虞 (主編)、王文生 (副主編)：《中國歷代文論選》(上海：上海古籍出版社，1979年)，頁158-164。據此書扉頁的介紹，兩漢、魏晉南北朝部份的編寫工作由王文生、田念萱、黃屏負責，錢仲聯校訂全書並擔任部份編寫工作，顧易生參加閱讀全稿，可見是集體合作的成果。

10　如張少康、劉三富：《中國文學理論批評發展史》(北京：北京大學出版社，1995年)、穆克宏：《魏晉南北朝文學史料述略》(北京：中華書局，1997年)，詳見下文。

點並不足以建立一套哪怕是粗具規模的「文氣論」。

　　以下首先引述《中國文學批評史》和《中國歷代文論選》的有關説法，並由此展開本文的論證。

二、《中國文學批評史》和《中國歷代文論選》的有關説法

　　郭紹虞《中國文學批評史》(簡稱《批評史》)説：

> 《典論・論文》再説：「文以氣為主，氣之清濁有體，不可力強而致。譬諸音樂，曲度雖均，節奏同檢，至於引氣不齊，巧拙有素，雖在父兄不能以移子弟。」這又是從作者方面説明風格的不同，所以拈出「氣」字。這裏所謂「氣」，是指才氣説的。至如他再講到「徐幹時有齊氣」，又《與吳質書》也説：「公幹有逸氣，但未遒耳。」這裏所謂「氣」，又是指語氣説的。「齊氣」是説語氣的舒緩[11]，「逸氣」是説語氣的奔放，這一樣也可以形成文章的風格。事實上，語氣的不同，也還是跟才氣變的。[12]

「才氣」郭紹虞在《中國古典文學理論批評史》裏又稱為「才性」。

11　郭氏原注：「此從舊説。近范寧《魏文帝典論論文齊氣解》載《國文月刊》六十三期，謂齊氣乃高氣之誤，亦頗有理。」

12　《中國文學批評史》，頁44。底線為引者所加，下同。

「才氣」和「才性」可以理解為帶有個人性格特點的才華，因為上引《批評史》的最後幾句該書改寫為：

> 從語氣來說明文章的風格，這還是比較切合實際的。事實上，語氣的舒緩與奔放，也不是和才性一無關係的。用語氣的舒緩與奔放，同樣可以說明才性，但比「引氣不齊，巧拙有素」這些話，就容易捉摸了。[13]

不同的才性體現在語氣上有舒緩和奔放之別，可見才性帶有個人性格的特點。

再看郭紹虞主編《中國歷代文論選》(簡稱《文論選》)對「氣之清濁有體」句的注釋：

> 這是本文論氣的主要方面。清濁，意近於《文心雕龍‧體性》所說的氣有剛柔，剛近於清，柔近於濁。《風骨》篇說：「翬翟備色，而翻翥百步，肌豐而力沉也。」是指氣的重濁柔弱。又說「鷹隼乏彩，而翰飛戾天，骨勁而氣猛也。」是指氣的清新剛健。本文所說的齊氣，就屬於柔濁的一種。所謂建安風骨，建安風力，則屬於清剛的一種。[14]

13　《批評史》，頁67。

14　《文論選》，頁162。

《文論選》對〈論文〉復有整體性的說明：

> 關於文氣，作者認為「文以氣為主」，而「氣之清濁有體」。<u>清指才知之清，濁也指才知之濁</u>。但由於他不作才與氣的區別，所以<u>也可以說清是俊爽超邁的陽剛之氣，濁是凝重沉鬱的陰柔之氣</u>。後來劉勰《文心雕龍・體性》稱「才有庸儁，氣有剛柔」，「風趣剛柔，寧或改其氣」，沈約在《宋書・謝靈運傳論》稱「剛柔迭用，喜愠分情」，多少是受了曹丕論文的啟發。[15]

《文論選》的「才知」大概也是「才氣」、「才性」的意思，並且進一步把才知的清濁解釋為剛柔的不同，「徐幹時有齊氣」即帶有柔濁之氣，建安風骨則是清剛之氣。清當然勝於濁，因此〈論文〉也必然崇尚富於陽剛之氣的作家及作品，這一推論應該不至歪曲《文論選》的原意。

此外，《文論選》認為「氣之清濁有體」意思近於《文心雕龍・體性》的「氣有剛柔」，又以〈風骨〉篇的「骨勁氣猛」、「肌豐力沉」即清剛、柔濁之別。這種聯繫是否合理，留待下文討論。

以下先考慮《批評史》和《文論選》一致的論點，即清濁是性格（就人而言）或風格（就作品而言）的差異。

15　同注 14，頁163。

三、〈論文〉音樂比喻的取義

歷來論者閱讀〈論文〉由「文以氣為主」到「不能以移子弟」
這一小段，注意力都集中在「氣」字上，卻忽略了這段話本是一
個比喻。「譬諸」以上是本體，以下是喻體，曹丕以音樂的一個
特點解說「文」的一個相關特點。因此弄清楚作者所指的特點，
才是理解這段文字的首要之務。

本體部份包括三句，「文以氣為主」是對「文」的性質的總體
看法。接着說的「氣之清濁有體」和「不可力強而致」是甚麼關
係？如果兩者是並列關係，那就表示作者進一步提出了氣的兩
種特性：一是「清濁有體」，二是「不可力強而致」。用語法術語
來分析，「氣之清濁」是主語，「有體」和「不可力強而致」是謂
語。可是「氣之清濁有體」的「之」字還可以看成結構助詞，它
的功能是置於主謂結構的中間，把整個結構變成一個句子的主
語或賓語。[16]根據這種分析，「氣之清濁有體」是全句的主語，
「不可力強而致」則是謂語。這兩種語法分析哪一種對呢？就要
看語言習慣了。

《後漢書・馬援傳》：「傳曰：『上德以寬服民，其次莫如
猛。故火烈則人望而畏之，水懦則人狎而翫之。為政者寬以濟

16　例如《史記・范睢蔡澤列傳》（北京：中華書局，1982年2版）：「秦之有韓
　　也，譬如木之有蠹也，人之有心腹之病也。」（頁2410）「秦之有韓也」是主
　　語，「譬如」以下是兩個並列的賓語。另參陳霞村：《古代漢語虛詞類解》
　　（太原：山西教育出版社，1992年），頁610；楊伯峻：《古漢語虛詞》（北
　　京：中華書局，1981年），頁349。

猛，猛以濟寬。』如此，<u>綏御有體</u>，災眚消矣。」[17]按上下文理來解釋，綏就是寬，御就是猛，施政有寬猛之別，安撫和嚴治因時制宜地運用，災眚便會消弭。這種「AB有體」而AB為反義詞的結構並不罕見，例如：

《易・繫辭下》：「子曰：『乾坤，其易之門邪。』乾，陽物也。坤，陰物也。陰陽合德而<u>剛柔有體</u>，以體天地之撰。」[18]

《漢書・律曆志》：「六月，坤之初六，陰氣受任於太陽，繼養化柔，萬物生長，楙之於未，令種剛彊大，故林鐘為地統，律長六寸。六者，所以含陽之施，楙之於六合之內，令<u>剛柔有體</u>也。『立地之道，曰柔與剛。』『乾知太始，坤作成物。』」[19]

王符《潛夫論・本訓》：「<u>陰陽有體</u>，實生兩儀」[20]

17　宋范曄：《後漢書》（北京：中華書局，1965年），頁860。

18　《十三經注疏》，阮元校刻本（北京：中華書局，1980年），頁89上。這裏的「體」字不能作「物體」或「身體」解，馮友蘭《中國哲學史新編》（1980年修訂本）解釋〈繫辭〉這段話說：「乾代表陽性的東西（『陽物』），具有剛健的性質；坤代表陰性的東西（『陰物』），具有柔順的性質。」見：馮友蘭《三松堂全集》（鄭州：河南人民出版社，1991年），第八卷，頁626。「體」指的是性質，所以「剛柔有體」就是有剛柔之別的意思。

19　漢班固：《漢書》（北京：中華書局，1962年），頁961。

20　見清汪繼培（箋）、彭鐸（校正）：《潛夫論箋校正》（北京：中華書局，1985年），頁365。

《南齊書・顧歡傳》:「聖匠無心,<u>方圓有體</u>,器既殊用,教亦異施。」[21]

由此看來,「清濁有體」要比「氣之清濁」結合得緊密些,因此第二種分析的可能性應該較高。全句「硬譯」出來就是:氣的有清濁之別是無法勉強做到的。[22]意思的重點在下半句,所以接着的音樂比喻,目的就在於解說「無法勉強做到」,而並非「氣有清濁之別」。[23]

〈論文〉說的音樂,除了樂器演奏外,應該也包括唱歌。《禮記・樂記》云:「樂者,德之華也。金石絲竹,樂之器也。詩,言其志也。歌,詠其聲也。舞,動其容也。三者本於心,然後

21　梁蕭子顯《南齊書》(北京:中華書局,1972年),頁932。又,唐李延壽:《南史・顧歡傳》(北京:中華書局,1975年)同,唯「異施」作「易施」,殆誤字,見頁1877。

22　意譯則可以說:「氣有清濁的分別,無法通過努力來改變。」當然這樣說就改變了原來的句式了。

23　鄭在瀛《六朝文論講疏》(臺北:萬卷樓圖書有限公司,1994年)也說:「這個比喻十分重要,卻往往被忽視了。吹奏樂曲,由於用氣不同,所以效果就不一樣。換言之,音樂的效果如何,其關鍵在於用氣。」(頁65)鄭氏認為比喻的重點在效果不一樣,即「清濁有體」,與本文看法不同。David Pollard "Ch'i in Chinese Literary Theory" 對比喻的理解和本文一致 ("This analogy is chosen to illustrate the point that *Ch'i* in literature is also something innate and individual: the particular form it takes in a man's writing 'cannot be had through striving for it.'"),但又懷疑清濁未必有高下之分 ("It is hard to say whether Ts'ao P'I intended a distinction of superior and inferior between 'clear' and 'cloudy.' …But the fact that he passed on immediately to a comparison with music, where the division is something like that between major and minor keys, indicates that a value judgment was not uppermost in his mind."),則與本文不同。見 *Chinese Approaches to Literature from Confucius to Liang Ch'I-ch'ao*, edited by Adele Austin Rickett (Princeton: Princeton University Press, 1978), pp. 48-49。

樂器從之。」如果金石絲竹只是樂之器，這就表示樂還有其他內容，根據〈樂記〉，那就是詩、歌、舞。在曹丕、曹植詩中常常有演奏樂器和唱歌的場面，例如：曹丕〈善哉行〉：「悲絃激新聲。長笛吹清氣。絃歌感人腸。四座皆歡悅。」又如曹植〈侍太子坐〉：「齊人進奇樂。歌者出西秦。」[24]黃兆傑甚至把「引氣不齊，巧拙有素」所指的對象限定為歌者。[25]

　　「曲度」又見《後漢書・馬防傳》：「防兄弟貴盛，……多聚聲樂，曲度比諸郊廟。」唐李賢注：「曲度謂曲之節度也。」看來指的是節拍，但〈馬防傳〉既然說「比諸郊廟」，則解作旋律或更合理。王粲〈公讌詩〉有：「管絃發徽音，曲度清且悲。」[26]能夠用「清」、「悲」來形容的，似乎也以旋律為宜。宇文所安(Stephen Owen)譯為melody允稱適當。[27]

24　《十三經注疏》頁1536下；黃節：《魏武帝魏文帝詩註》(香港：商務印書館香港分館，1961年，港1版)，頁38；黃節：《曹子建詩註》(香港：中華書局香港分局，1973年3月港版)，頁2。

25　黃兆傑把「引氣不齊，巧拙有素」譯成："the use of the Vital Breath is bound to vary from singer to singer in rendering the song, and the degree of skill in the singer is as if predetermined", 見*Classical Chinese Literature: An Anthology of Translations, Volume I, From Antiquity to the Tang Dynasty*, edited by John Minford and Joseph S. M. Lau (New York: Columbia University Press and Hong Kong: The Chinese University Press, 2000), p. 630。

26　《後漢書》頁857；俞紹初 (輯校)：《建安七子集》(北京：中華書局，1985年)，頁86。

27　Stephen Owen把「曲度雖均，節奏同檢」譯為："Two performers may be equal in knowing the melody and following the rules of the rhythm",除了knowing或許有商榷餘地外，其他都可接受。見*An Anthology of Chinese Literature: Beginnings to 1911*, edited and translated by Stephen Owen (New York: W. W. Norton & Company, 1996), p.361。

〈論文〉原文的「引氣不齊」，如果要說得具體些，似當指吹奏管樂或人聲唱歌。[28]前引曹丕〈善哉行〉正以「清氣」形容長笛的聲音，[29]而曹丕〈繁欽集序〉說「薛訪車子能喉囀，與笳同音」，繁欽〈與魏文帝牋〉則說「薛訪車子……能喉囀<u>引聲</u>，與笳同音，……<u>潛氣內轉</u>，哀音外激」云云，[30]似乎正好用來解釋〈論文〉的「引氣」。[31]

「引氣不齊」的結果是令表演者分出高下，曹丕認為這是天生的，不能藉後天的努力來改變，[32]所以說「有素」，並進一步強調說「雖在父兄，不能以移子弟」。這也就是說，「引氣不齊」是「巧拙有素」的原因。為甚麼要這樣理解呢？要是「引氣不齊」只是風格的不同，而沒有高下、巧拙之分，何必在乎能不能從父

28　黃兆傑把「引氣不齊，巧拙有素」的所指對象定為歌者，大概就是基於這原因，但其實吹奏管樂也需要「引氣」。

29　曹丕另一首〈善哉行〉說：「有美一人。婉如清揚。……知音識曲。善為樂方。哀絃微妙。<u>清氣</u>含芳。」（見黃節：《魏武帝魏文帝詩註》，頁37）這裏的「清氣」則似乎指歌聲。

30　繁欽〈與魏文帝牋〉見《文選》卷40，頁16上（總頁565）。曹丕〈繁欽集序〉句子見繁文題下李善注，卷40，頁15下（總頁564）。

31　因此這裏的「氣」字乃用生理上或物理上的意義，張仁青《魏晉南北朝文學思想史》：「『引氣不齊』之『氣』，當指『物理學上之音量或音調』而言。」（頁439）看法與本文接近，但把氣坐實為音量或音調，卻未見其理由。廖蔚卿《六朝文論》：「曹丕所謂氣，實指兩方面，『清濁有體』的氣，是作品的外現；<u>『引氣不齊』的氣</u>，是作者的天賦情性資質，這是『不可力強而致』『父兄不能以移子弟』的。」（頁52）混淆了本體和喻體的層次。

32　這裏不容易分辨究竟曹丕認為「引氣」的能力是天生的，沒有學習技巧的必要，還是認為需要學習有關的技巧，但是技巧的高下仍要看天賦。不過很多論者都指出當時普遍崇尚自然，「凡稱頌人或物之美，往往歸之於自然稟受」。見：王運熙、楊明《中國文學批評通史·魏晉南北朝卷》，頁34。

兄移至子弟？

　　如果上文的分析沒有錯，那就可以說「清濁有體」其實是和「巧拙有素」對應的，清相應於巧，濁相應於拙，與陽剛陰柔等風格並無關係。為了探索這一判斷是否可靠，有必要研究在曹丕之前及與曹丕年代相近的人氣論中，清濁、陰陽等術語的含義。

四、氣論中的清濁和陰陽

　　氣是中國傳統哲學和文學批評的重要概念，論者已多，不擬細考。以下只就本文論證所需，勾勒出氣論的輪廓，重點在於突顯清濁和陰陽兩組術語的使用情況。誠如羅宗強《魏晉南北朝文學思想史》所說：「文氣說無疑來自元氣說。元氣說本身就派別紛繁，有各各不同的理解。大而至於宇宙本源，小而至於生物萬有，它們的存在，都可以用氣來解釋。」[33]因此氣論的術語就難免出現各種紛歧錯雜之處。另外，所謂曹丕的同代人，其時限不宜定得太嚴，因為一家之說未必前無所承，即使年輩在曹丕稍後，也未嘗不可以拿來對照。

　　早在戰國時代就有氣為萬物本源的說法，《管子·內業》云：

　　凡物之精，（此）〔比〕則為生。下生五穀，上為列星。

33　羅宗強：《魏晉南北朝文學思想史》（北京：中華書局，1996年），頁27。諸
　　家氣論術語各有出入，有稱為「元氣」的，也有只稱為「氣」或細分為陰陽
　　清濁剛柔的，所以本文使用「氣論」以概括之。

> 流於天地之間，謂之鬼神；藏於胸中，謂之聖人。是
> 故（民）〔此〕氣，杲乎如登於天，杳乎如入於淵，淖乎
> 如在於海，卒乎如在於己。[34]

根據同篇下文：「精也者，氣之精者也。」[35] 可知「精」就是
「氣」，說「氣之精者」大概是和平常呼吸的氣相比較而言。不僅
聖人胸中藏有精氣，一般人亦然，因為〈內業〉又說：「凡人之
生也，天出其精，地出其形，合此以為人。」[36]精氣可以令形體
發揮特定的功能，〈內業〉云：「精存自生，<u>其外安榮</u>，內藏以
為泉源，浩然和平，以為氣淵。淵之不涸，<u>四體乃固</u>；泉之不
竭，<u>九竅遂通</u>。」可見身體健康、頭腦聰明都是精氣充盈的結
果。《呂氏春秋・盡數》說得更全面：「精氣之集也，必有入也。
集於羽鳥與為飛揚，集於走獸與為流行，集於珠玉與為精朗，
集於樹木與為茂長，集於聖人與為敻明。」[37]精氣是人及物能夠
發揮其最有價值特質的背後原因。下及漢魏這種對氣的看法仍
是非常普遍的，當時人每以「含氣」來指生物或人，「稟氣玄妙」

34　見趙守正：《管子通解》（北京：北京經濟學院出版社，1989年），下冊，頁
　　121。引文中圓括號表示刪字，方括號表示補字，皆依從趙守正之說。另參
　　郭沫若、聞一多、許維遹：《管子集校》（北京：科學出版社，1956年），頁
　　781。

35　《管子通解》，下冊，頁124。

36　同上注，下冊，頁130。《莊子・知北遊》也有類似的說法：「人之生，氣之
　　聚也，聚則為生，散則為死。」見清郭慶藩：《莊子集釋》（北京：中華書
　　局，1961年），頁733。

37　《管子通解》，下冊，頁127；陳奇猷：《呂氏春秋校釋》（上海：學林出版
　　社，1984年），頁136。

則是對人的稱讚。[38]

氣又可以用來解釋天地宇宙的生成,《淮南子‧天文》云:

> 道始于虛霩,虛霩生宇宙,宇宙生〔元〕氣,〔元〕氣有
> 涯垠。清陽者薄靡而為天,重濁者凝滯而為地。……
> 天地之襲精為陰陽,陰陽之專精為四時,四時之散精
> 為萬物。[39]

由無而生出元氣,元氣分化為清濁之氣,再變為陰陽之氣,然
後衍生為四時、萬物,這就是宇宙生成的經過。《白虎通‧天
地》、許慎《說文解字》、王符《潛夫論‧本訓》、張揖《廣雅‧釋
天》都有相近的說法,[40]可見這是漢人的普遍認識。[41]

說到這裏,有兩點值得特別提出:(一)《淮南子》和《潛夫
論》都是先說清濁再說陰陽,但《白虎通》、《說文》和《廣雅》只

---

38 「含氣」泛指一切生物之例,如徐幹《中論‧復三年喪》:「天地之間,含氣
而生者,莫知乎人。」此為《群書治要》所錄《中論》逸文,轉引自徐湘霖:
《中論校注》(成都:巴蜀書社,2000年),頁304;專指人之例,如漢獻帝
詔:「華夏遺民,含氣之倫,莫不蒙焉。」見《三國志‧魏書‧武帝紀》(北
京:中華書局,1982年2版)「三月壬寅,公親耕籍田」裴松之注引,頁48。
又,《後漢書‧申屠蟠傳》:「〔蔡邕〕曰:『申屠蟠稟氣玄妙,性敏心通。』」
(頁1751)

39 見何寧:《淮南子集釋》(北京:中華書局,1998年),頁165-166。高誘注:
「襲,合也。精,氣也。」

40 《白虎通‧天地》:「始起先有太初,然後有太始,形兆既成,名曰太素。
混沌相連,視之不見,聽之不聞,然後判清濁,既分,精曜出布,庶物施
生,精者為三光,號者為五行。五行生情性,情性生汁中,汁中生神明,
神明生道德,道德生文章。故《乾鑿度》云:『太初者,氣之始也。太始
者,形之始也。太素者,質之始也。陽唱陰和,男行女隨也。』」(清陳立:

有清濁沒有陰陽。大概在宇宙生成理論裏，元氣分化為清濁二氣是最關鍵的變化，萬物的出現可以直接用清濁來說明，所以陰陽並不是必需的。（二）生成和構成不同，前者是指宇宙從無變為有再變為目前狀態的過程，構成則是指宇宙的結構。在宇宙構成理論裏，陰陽又成為了基本術語，如《春秋繁露‧天地陰陽》和《淮南子‧天文》都用陰陽來描述穩定狀態下的宇宙，[42]這些理論又往往通過肯定自然與人同構，而把陰陽應用到人體及人性的討論上，於是陰陽之氣就越發重要了。

《白虎通疏證》〔北京：中華書局，1994年〕，頁421-422）《說文解字》，陳昌治刻本（香港：中華書局香港分局，1972年港1版），「地」字：「元气初分，輕清陽為天，重濁陰為地。」（卷13下，頁6下〔總頁286〕）《潛夫論‧本訓》：「上古之世，太素之時，元氣窈冥，未有形兆，萬精合并，混而為一，莫制莫御。若斯久之，翻然自化，<u>清濁分別，變成陰陽</u>。陰陽有體，實生兩儀，天地壹鬱，萬物化淳，和氣生人，以統理之。」（《潛夫論箋校正》，頁365）《廣雅‧釋天》：「太初，氣之始也，生於酉仲，清濁未分也。太始，形之始也，生於戌仲，<u>清者為精，濁者為形也</u>。太素，質之始也，生於亥仲，已有素朴，而未散也。三氣相接，至於子仲，剖判分離，<u>輕清者上為天，重濁者下為地</u>，中和為萬物。」（清王念孫〔疏證〕、陳雄根〔標點〕：《新式標點廣雅疏證》〔香港：中文大學出版社，1978年〕，卷9上，頁1061）

41 東漢緯書盛行，但今存者只有零碎的片斷，故正文並未引用，然而類似的說法在緯書中亦可見，酌舉二例：《河圖括地象》：「易有太極，是生兩儀，兩儀未分，其氣混沌。清濁既分，伏者為天，偃者為地。」《易緯乾鑿度》：「故曰：有太初，有太始，有太素也。……一者，形變之始。清輕者上為天，濁重者下為地。」見安居香山、中村璋八：《緯書集成》（石家莊：河北人民出版社，1994年），頁1092、11-12。

42 〈天地陰陽〉：「天地之間，有陰陽之氣，常漸人者，若水常漸魚也。」見清蘇輿：《春秋繁露義證》（北京：中華書局，1992年），頁467。〈天文〉：「天地之襲精為陰陽，陰陽之專精為四時，四時之散精為萬物。」見《淮南子集釋》，頁166。

　　《左傳》有「民有好、惡、喜、怒、哀、樂，生于六氣」的説法，「六氣」就是陰、陽、風、雨、晦、明。[43]好、惡、喜、怒、哀、樂則是六志，[44]人有不同的感情（志），源自不同的自然之氣。漢人繼承了這種説法，又把人性分為「性」和「情」兩部份，用來解釋人為甚麼有善性也有惡性。董仲舒《春秋繁露·如天之為》云：「陰陽之氣，在上天，亦在人。在人者為好惡喜怒，在天者為暖清寒暑。」又〈深察名號〉云：

> 栣眾惡於內，弗使得發於外者，心也。故心之為名栣
> 也。人之受氣苟無惡者，心何栣哉？吾以心之名，得
> 人之誠。人之誠，有貪有仁。<u>仁貪之氣，兩在於身。</u>
> 身之名，取諸天。<u>天兩有陰陽之施，身亦兩有貪仁之</u>
> <u>性</u>。天有陰陽禁，身有情欲栣，與天道一也。[45]

董仲舒的學説強調人取化於天，[46]論述的重心是人與天相似之處，但除了這一點外，他對人性的分析還可以用來解釋為甚麼人有善性也有惡性。〈深察名號〉的説法可以這樣表達：

43　昭公二十五年，見《十三經注疏》，頁2108下；同書，昭公元年，頁2025上。

44　《左傳·昭公二十五年》：「民有好、惡、喜、怒、哀、樂，生于六氣，是故審則宜類，以制六志。」晉杜預集解：「為禮以制好、惡、喜、怒、哀、樂六志，使不過節。」見《十三經注疏》，頁2108下。

45　見蘇輿：《春秋繁露義證》，頁463、295-296。

46　《春秋繁露·王道通三》：「人生於天，而取化於天。」見《春秋繁露義證》，頁330。

陰氣 → 情 → 貪（鄙）[47]

陽氣 → 性 → 仁

《白虎通》是東漢章帝詔諸儒講五經同異後，對經義的統一解釋，此書中情性陰陽的搭配沿用了董仲舒的系統，而且說得更清楚。《白虎通・性情》云：

> 性情者，何謂也？性者陽之施，情者陰之化也。人稟陰陽氣而生，故內懷五性六情。情者，靜也。性者，生也。此人所稟六氣以生者也。故《鉤命決》曰：「情生于陰，欲以時念也。性生于陽，以就理也。陽氣者仁，陰氣者貪，故情有利欲，性有仁也。」[48]

又云：「五性者何謂？仁義禮智信也。……故人生而應八卦之體，得五氣以為常，仁義禮智信也。六情者，何謂也？喜怒哀樂愛惡謂六情，所以扶成五性。」[49]〈性情〉認為五性即仁、義、禮、智、信，六情即喜、怒、哀、樂、愛、惡。五性出於陽，

47　王充《論衡・本性》引董仲舒「〈情性〉之說」：「性生於陽，情生於陰。陰氣鄙，陽氣仁。」黃暉校釋：「〈情性篇〉未見，今傳《春秋繁露》已佚其大半矣。一曰：『非篇名。』《繁露深察名號篇》、《實性篇》尚見其旨。」見黃暉：《論衡校釋》（北京：中華書局，1990年），頁139-140。

48　《白虎通疏證》，頁381。

49　同上注，頁381-382。

六情出於陰。[50]不過原文初則說人稟陰陽之氣而生，其後又說性和情稟六氣而生，出現了矛盾。但《左傳》六氣本來已包括了陰陽，而且所生的就是「情」的內容。這種混亂或許可以看成漢人以陰陽觀念改造古代思想未完成而留下的痕跡吧。[51]

　　以上各家的氣論都把人視為一個整體來研究，企圖從原理上解釋人所以有善惡的緣故，至於人與人之間的差異卻沒有解釋。當然，《論語》就已經說「性相近也，習相遠也」，[52]《墨子》也指出朋友對人的影響。[53]後天的薰習會改變人的性情，但如果人人出生時都一樣，又從甚麼人那裏受到同化呢？《漢書·地理志》則提出了水土風氣的作用，[54]但這仍不是個人差異的解釋，直至王充《論衡》才真正觸及這個問題。

50　《說文解字》「情」：「人之陰氣，有欲者也。」「性」：「人之陽氣，性善者也。」
　　（卷10下，頁10上〔總頁217〕。段玉裁斷句不同，作「人之陰氣有欲者。」；
　　「人之陽氣性，善者也。」見《說文解字注》，經韻樓本〔上海：上海古籍出
　　版社，1981年〕，十篇下，頁24〔總頁502〕。）與《白虎通》相同。但劉向
　　則認為性出於陰，情出於陽，這似乎只是少數人的看法，見《論衡·本性》
　　（《論衡校釋》，頁140-141）。

51　〈情性〉下文說：「性所以五，情所以六何？人本含六律五行之氣而生，故內
　　有五藏六府，此情性之所由出也。」（《白虎通疏證》，頁382）則情又本於
　　六律之氣，更形複雜。陰陽和五行觀念出現的經過可參孫廣德：《先秦兩漢
　　陰陽五行說的政治思想》（臺北：臺灣商務印書館，1993年），第一章「陰陽
　　五行說的來歷與發展」，頁3-71。

52　出《論語·陽貨》，見《十三經注疏》，頁2524中。

53　《墨子·所染》云：「非獨國有染也，士亦有染。其友皆好仁義，淳謹畏令，
　　則家日益、身日安、名日榮，處官得其理矣，則段干木、禽子、傅說之徒
　　是也。其友皆好矜奮，創作比周，則家日損、身日危、名日辱，處官失其
　　理矣，則子西、易牙、豎刀之徒是也。」見清孫詒讓：《墨子閒詁》（北京：
　　中華書局，1986年），頁17。

54　《漢書·地理志下》：「凡民函五常之性，而其剛柔緩急，音聲不同，繫水土
　　之風氣，故謂之風。」（頁1640）

　　王充仍沿用漢代以來人稟氣而生的説法，《論衡・本性》
云：「人稟天地之性，懷五常之氣，或仁或義，性術乖也；動作
趨翔，或重或輕，性識詭也。」但他又引入了稟氣多少（渥薄、
厚泊）的變數，如〈氣壽〉論人的健康和年壽説：「夫稟<u>氣渥</u>則其
體彊，體彊則其命長；<u>氣薄</u>則其體弱，體弱則命短，命短則多
病壽短。」〈自然〉論人的道德云：「至德純渥之人，<u>稟天氣多</u>，
故能則天，自然無為。<u>稟氣薄少</u>，不遵道德，不似天地，故曰
不肖。」[55]都以氣的多少解釋人為甚麼有體質強弱、年壽長短、
品德高下的差異，而〈率性〉説得尤其清楚：

> 稟氣有厚泊，故性有善惡也。殘則（授）〔受〕（不）仁
> 之氣泊，而怒則稟勇〔之氣〕渥也。仁泊則戾而少（愈）
> 〔慈〕，勇渥則猛而無義，而又和氣不足，喜怒失時，
> 計慮輕愚。妄行之人，（罪）〔非〕故為惡。人受五常，
> 含五臟，皆具於身。稟之泊少，故其操行不及善人，
> （猶）〔酒〕或厚或泊也，非厚與泊殊其釀也，麴蘗多少
> 使之然也。是故酒之泊厚，同一麴蘗；人之善惡，共
> 一元氣。氣有多少，故性有賢愚。[56]

55　《論衡校釋》，頁142、28、781。
56　同上注，頁80-81。引文中改字皆依從黃暉之説。〈率性〉説人有仁之氣、
　　勇之氣，但勇不在五常之中，王充似乎並未察覺自己破壞了系統的完整。
　　和氣並不是一種氣，而是陰陽之氣調和的意思，《淮南子・氾論》：「天地之
　　氣，莫大於和。和者，陰陽調，日夜分，而生物。……積陰則沉，積陽則
　　飛，陰陽相接，乃能成和。」見《淮南子集釋》，頁934。

在以氣解釋人性的論題上，王充以前的人關心質的問題，即著
重說明由於人稟受多種的氣（如陰陽之氣、五行之氣等），所以
就具備了多種的性情。王充則補充了量方面的考慮，人稟受的
氣種類一樣，但份量不同，這就解釋了人與人之間為甚麼會有
差別。後來王符《潛夫論・敍錄》也有「稟氣薄厚，以著其形」
的說法，[57]未知是本自王充，還是代表了東漢人氣論的新發展。
本文無意由此斷言王充比他的前輩高明，因為兩個人性論的體
系根本是為了回答不同的問題而構想出來的。王充在世時無籍
籍之名，《論衡》不為人知，直至漢末才受重視，[58]而漢末正是所
謂的文學自覺時代及士的自覺時代，人物評鑑的流行是自覺精
神的體現，[59]王充一再論及個人才性差異的問題，可謂得風氣之
先。

57　《潛夫論箋校正》，頁478。

58　《後漢書・王充傳》李賢注：「袁山松《〔後漢〕書》曰：『充所作《論衡》，中
　　土未有傳者，蔡邕入吳始得之，恒秘玩以為談助。其後王朗為會稽太守，
　　又得其書，及還許下，時人稱其才進。或曰：不見異人，當得異書。問
　　之，果以《論衡》之益，由是遂見傳焉。』《抱朴子》曰：『時人嫌蔡邕得異
　　書，或搜求其帳中隱處，果得《論衡》，抱數卷持去。邕丁寧之曰：『唯我
　　與爾共之，勿廣也。』」（頁1629）蔡邕、王朗時《論衡》雖然流傳未廣，但
　　時人對書中內容顯然極有興趣。

59　魯迅《而已集・魏晉風度及文章與藥及酒之關係》說：「用近代的文學眼光
　　看來，曹丕的一個時代可說是『文學的自覺時代』，或如近代所說是為藝術
　　而藝術（Art for Art's Sake）的一派。」見《魯迅全集》（北京：人民文學出版
　　社，1981），第三卷，頁504。余英時〈漢魏之際士之新自覺與新思潮〉：「所
　　謂個體自覺者，即自覺為具有獨立精神之個體，而不與其他個體相同，並
　　處處表現其一己獨特之所在，以期為人所認識之義也。執此義以求之，則
　　東漢之末，此類人物極眾」，見余英時：《中國知識階層史論》（臺北：聯經
　　出版事業公司，1980年），頁231-232。又，人物評鑑及自覺精神的關係亦可
　　參上書頁236-243。

　　説到人物評鑑之學，與曹丕年代相若的劉邵，其《人物志》
自堪注意，論者也往往引用其中的〈九徵〉篇來與曹丕的「文氣
論」互相印證。其實〈九徵〉篇以至整部《人物志》的要旨乃在
於辨別人與人各方面的差異，而並非探討差異形成的原因。〈九
徵〉開篇就説：

> 人物之本，出乎情性。情性之理，甚微而玄，非聖人
> 之察，其孰能究之哉？凡有血氣者，莫不含元一以為
> 質，稟陰陽以立性，體五行而著形。<u>苟有形質，猶可
> 即而求之</u>。[60]

其關注重點顯然在於通過形質來發現情性。因為形質在外，可
以觀察，但情性在內，只能推想。至於人人的情性同樣稟之於
天，為甚麼有千差萬別，則並非《人物志》論説的重心，所以人
怎樣稟受陰陽或五行之氣，在書中著墨很少，[61]可以説《人物志》

60　魏劉邵：《人物志》，《守山閣叢書》本，收入《續百子全書》第4冊（北京：北
　　京圖書館出版社，1998年），卷上，頁1上至1下（總頁709）。「邵」一作「劭」。
61　詹福瑞《中古文學理論範疇》（保定：河北大學出版社，1997年）：「<u>此書把陰
　　陽二氣同五行相配來探討人的性格的形成</u>。認為：『凡有血氣者，莫不含元
　　一以為質，稟陰陽以立性，體五行而著形。』元一，即元氣；陰陽，指元氣
　　分成的陰陽二氣。劉劭把金木水火土五行與人的筋骨血氣肌相配，認為五
　　行著於人體，從而構成了弘毅、勇敢、文理、貞固、通微等性格特徵和仁
　　義禮智信等五種品德。<u>該書還指出：『明白之士』，是稟賦陽氣多的人</u>。陽
　　氣主動，所以這類人『達動之機而暗於玄慮』。而『<u>玄慮之人</u>』，則是稟陰氣
　　<u>較多的人</u>。陰氣主靜，所以這類人『識靜之原，而困於速捷』。<u>至於『聰明
　　者』，則是稟『陰陽之精』</u>，即身具陰陽精華的人。這些理論，顯然是繼承
　　了董仲舒等人的陰陽五行説，並在此基礎上加以引伸和發揮的。」（頁167-
　　168）劉邵固然認為稟受陰陽之氣的份量會產生才性的差異，但這不過是〈九
　　徵〉一小部份的內容，〈九徵〉的主要篇幅用於説明體質、聲音、面色、眼
　　神等怎樣體現先天稟受的五行特性，詹氏似乎把〈九徵〉局部的內容放得太
　　大了。

已離開了氣論的範疇。

目前所見漢魏六朝間以氣來解釋個體差異，最有系統的是晉‧干寶的《搜神記》：

> 天有五氣，萬物化成。木清則仁，火清則禮，金清則義，水清則智，土清則思，五氣盡純，聖德備也。木濁則弱，火濁則淫，金濁則暴，水濁則貪，土濁則頑，五氣盡濁，民之下也。中土多聖人，和氣所交也；絕域多怪物，異氣所產也。苟稟此氣，必有此形；苟有此形，必生此性。[62]

在這裏《左傳》的「天有六氣」已修改為「天有五氣」，內容也截然不同。五氣各有清濁之別，因而形成仁、弱；禮、淫；義、暴；智、貪；思、頑的對立，正與《論衡‧率性》的「仁泊則戾而少慈」相似，可以說清濁和渥泊兩組概念其實負起了相同的功能。由清到濁是漸變的過程，所以在聖人和怪物之間，各種各樣的人都可以安頓在這個具有五個向度的座標上，其解釋能力是非常強大的。

王運熙、楊明《中國文學批評通史‧魏晉南北朝卷》（簡稱《通史》）說：

62　干寶（撰）、汪紹楹（校注）：《搜神記》（北京：中華書局，1979年），卷12，頁146。

孔穎達《禮記正義》多反映南北朝經師觀點，我們不妨
把其中有關人的清濁之氣的論述看作漢魏以來人們關
於這一問題的看法的總結。《禮記正義》序云：「夫人上
資六氣，下乘四序，賦清濁以醇醨，感陰陽而遷變。」
又《中庸正義》：「但感五行，在人為五常。得其清氣備
者則為聖人，得其濁氣簡者則為愚人。降聖以下，愚
人以上，所稟或多或少，不可言一，故分為九等。」[63]

上書所引的〈禮記正義序〉和《中庸正義》都可以用干寶的系統
來理解，即人稟受五或六種氣而生，每種氣各有清濁的不同，
五常或五行之氣是氣的種類，清濁則是氣的狀態，有時單說清
濁也可以這樣理解：

漢酈炎詩：「賢愚豈常類，稟性在清濁。」

晉袁準〈才性論〉：「凡萬物生于天地之間，有美有惡。
物何故美？清氣之所生也；物何故惡？濁氣之所施
也。」[64]

63　頁33-34。

64　酈詩見《後漢書・酈炎傳》引，頁2648；袁文見嚴可均：《全上古三代秦漢
　　三國六朝文》（北京：中華書局，1958年），〈全晉文〉，卷54，頁1下至2上
　　（總頁1769）。

以上各種氣論可以列成下表：

術語	出處	說明的問題	其他術語
氣、精氣	管子‧內業	人的生死強弱	
	莊子‧知北遊	人的生死	
	呂氏春秋‧盡數	人和物的特質	
	論衡	人與人的差異	五常之氣、渥泊、厚泊
陰陽	春秋繁露	人的性情	
	白虎通‧性情	人的性情	五常之氣
	人物志	人與人的差異	
清濁	淮南子‧天文	宇宙萬物的生成	陰陽
	說文解字	宇宙的生成	
	潛夫論‧本訓	宇宙萬物的生成	陰陽
	廣雅‧釋天	宇宙的生成	
	白虎通‧天地	宇宙的生成	
	袁準	物的美惡	
	酈炎	賢愚之別	
	搜神記	人與人的差別	五行
	禮記正義序	人與人的差別	陰陽
	中庸正義	人與人的差別	五行、多少

　　總結上文所言，不同的氣論意圖回答不同的問題，採用的術語也各有偏重，陰陽主要用來解釋人的性情善惡，或者用現代的話來說就是心理結構。[65]清濁本用於說明宇宙的生成，到了東漢後期則用來解釋人與人的差異。清濁——最低限度在後一種用法裏——應該理解為氣的狀態而非性質，因為當時的人性

65　當然陰陽也可以用來解釋人性以外的問題，例如季節變化，見《淮南子‧詮言》、《禮記‧月令》等。

論一致認為人稟受的氣有五種或六種，而每種都可以是清或濁的。如果曹丕所謂的「文以氣為主」與當時的氣論一致，那就只能夠如上文「〈論文〉音樂比喻的取義」一節那樣理解了。

五、「齊氣」、「體氣」、「逸氣」、「體弱」解

上文說明了為甚麼〈論文〉清濁之氣不能理解為人的性格或文的風格，但《批評史》、《文論選》和很多論者都以清濁為陽剛和陰柔的風格。前二書並沒有提出作這樣解釋的理由，不過如果曹丕具體評論作家時確以清濁概念來指涉他們的風格，他們的說法仍是可以成立的，因此本節將要證明曹丕並沒有這樣做。

穆克宏《魏晉南北朝文學史料述略》認為：「氣有清有濁，即有陽剛之氣和陰柔之氣。這在文章裏就形成俊爽超邁的風格和凝重沉鬱的風格。」[66]但並沒有說明建安七子誰具有哪種氣。張少康、劉三富《中國文學理論批評發展史》也認為清濁即剛柔，[67]但又說：

> 曹丕本人在論具體作家時，也沒有用清濁的概念，他論各個作家的文氣也是具體的。《典論論文》中說「徐幹時有齊氣」，「孔融體氣高妙」，《與吳質書》中說「公幹有逸氣」等等，其中有些從清濁角度來看，可以有所

66　頁226。

67　《中國文學理論批評發展史》：「所謂清濁，實即陰陽，陽氣上升為清，陰氣下沉為濁。曹丕在這裏實開後世以陽剛之美、陰柔之美論文學之先河。」（頁171）

歸屬，如「逸氣」當屬清氣範疇，「齊氣」當屬濁氣範疇，而有些則很難說，為〔當作「如」〕孔融之「體氣高妙」。但從曹丕口氣來看，對「逸氣」是讚賞的、肯定的，對「齊氣」則顯然有貶意。[68]

羅宗強《魏晉南北朝文學思想史》則認為：

曹丕論及徐幹、劉楨、孔融等人的不同情性，誰屬於清氣之所生，誰屬於濁氣之所施，他都並未加以說明。從他的評點看，似只論情性之特點，無關乎情性之好惡。對此，或可理解為清氣中之不同類型。然亦尚乏證據，難以論定；暫且存疑，以俟博雅君子。[69]

兩家對於哪些是清氣、哪些是濁氣，都不敢下斷語，如果曹丕真的用清濁觀念來評價七子，他的行文未免太含糊了。

以下引錄〈論文〉及〈與吳質書〉有關部份，再詳細研究所謂「齊氣」、「體氣」等，究竟是否可以歸類為清或濁：

〈論文〉：「今之文人，魯國孔融文舉、廣陵陳琳孔璋、山陽王粲仲宣、北海徐幹偉長、陳留阮瑀元瑜、汝南應瑒德璉、東平劉楨公幹，斯七子者，於學無所遺，於辭無所假，咸以自[70]騁驥騄於千里，仰齊足而並馳。

68　頁171。
69　頁30-31。

以此相服，亦良難矣。蓋君子審己以度人，故能免於斯累，而作〈論文〉。

王粲長於辭賦，徐幹時有<u>齊氣</u>，然粲之匹也。如粲之〈初征〉、〈登樓〉、〈槐賦〉、〈征思〉，幹之〈玄猿〉、〈漏卮〉、〈圓扇〉、〈橘賦〉，雖張、蔡不過也。然於他文，未能稱是。琳、瑀之章表書記，今之雋也。應瑒和而不壯，劉楨壯而不密。孔融<u>體氣高妙</u>，有過人者，然不能持論，理不勝詞，以至乎雜以嘲戲。及其所善，楊、班儔也。」

〈與吳質書〉：「觀古今文人，類不護細行，鮮皆能以名節自立。而偉長獨懷文抱質，恬淡寡欲，有箕山之志，可謂彬彬君子者矣。著《中論》二十篇，成一家之言。辭義典雅，足傳於後。此子為不朽矣。德璉常斐然有述作之意，其才學足以著書，美志不遂，良可痛惜。孔璋章表殊健，微為繁富。公幹有<u>逸氣</u>，但未遒耳。其五言詩之善者，妙絕時人。元瑜書記翩翩，致足樂也。仲宣獨自善於辭賦，惜其<u>體弱</u>，不足起其文，至於所善，古人無以遠過。」[71]

70　《三國志‧魏書‧王粲傳》裴松之注（頁602）及唐歐陽詢：《藝文類聚》（汪紹楹校本；上海：上海古籍出版社，1999年新2版），卷56，雜文部二，賦（頁1016）引〈論文〉「以自」皆作「自以」。

71　《文選》，卷52，頁6下至7上（總頁720）；卷42，頁9上至10上（總頁591-592）。

在逐一檢視各詞語前，需要對兩文有些基本理解。首先，兩文評論並世作家的態度略有不同，〈論文〉語氣斬截，似乎是要顯示出這是「審己以度人」的持平之見，又為表示並非文人相輕，對同一作者的評語既有貶抑又有肯定。[72]〈與吳質書〉則是以朋友的身份懷念故人，所以沒有說到早一輩的孔融，對作者以別字稱呼，評價也較高。其次，〈論文〉既謂孔融等「於學無所遺，於辭無所假」、「以此相服，亦良難矣」，則曹丕基本上是肯定七子，並認為其間高下相去不遠的。其三，〈與吳質書〉對徐幹、應瑒的評論著眼於有沒有著述，而非文學造詣，不宜與〈論文〉對二人的評語直接比觀。[73]

以下順次討論各詞語。

（一）齊氣

「齊氣」一句《三國志‧王粲傳注》和《藝文類聚》有異文：

《三國志注》：「幹時有<u>逸氣</u>，<u>然非粲匹也</u>。」

《藝文類聚》：「徐幹時有<u>逸氣</u>，<u>然粲匹也</u>。」[74]

「齊氣」的「齊」字李善及李周翰注《文選》解作地名，認為齊俗

72　只有陳琳、阮瑀並無貶詞，但「琳瑀之章表書記，今之雋也」只是肯定二人長於章表書記，沒有讚許其他文類，不算是特別高的評價。

73　王夢鷗〈試論曹丕怎樣發見文氣〉認為〈論文〉評徐幹有齊氣，引〈與吳質書〉「辭義典雅」之評，謂「『典雅』正是端莊嚴肅之『齊』」（頁75），即有此誤。

74　《三國志‧魏書‧王粲傳》裴松之注引（頁602）；《藝文類聚》，卷56，雜文部二，賦，頁1016。

舒緩，所以「齊氣」即舒緩之氣，近人則或以為是「高」的誤字，或以為「齊」讀作「齋」，即端莊嚴肅之意，其解釋眾説紛紜（詳見下文），但「齊氣」究竟是褒義還是貶義卻是不難確定的。前面説過，曹丕基本上肯定七子的成就，而且認為不容易軒輊，沒有突出任何一人，所以《三國志注》「非粲匹也」把徐幹貶於王粲之下，顯然是不對的。此外，三個出處的〈論文〉都有「然」字，「然」是轉折詞，如果後面説徐幹的辭賦不下於王粲，則前面一定是説徐幹的缺點。由於「逸氣」通常是正面的，所以只能選擇載籍罕見的「齊氣」，並作貶義理解。[75]

再看「齊氣」的含義，《文選》李善注云：「言齊俗文體舒緩，而徐幹亦有斯累。《漢書‧地理志》曰：『故齊詩曰：「子之還兮，遭我乎猺之間兮。」此亦舒緩之體也。』」[76]五臣中的李周翰與李善注同，[77]《文論選》同意二説：

> 李〔善〕注有根據，並非望文生義。《左傳》襄公二十九年載公子札來觀周樂，樂工「為之歌齊，曰：美哉！泱泱乎大風也哉！」服虔注：「泱泱，舒緩深遠，有太和之意。」這是説齊詩有舒緩的風格。《漢書‧朱博傳》説：齊部舒緩養名。顏師古注：「言齊人之俗，其性遲

75　羅宗強以為「齊氣」可能屬於清氣的某一類型，見《魏晉南北朝文學思想史》，頁30-31，不可從。

76　《文選》，卷52，頁6下至7上（總頁720）。

77　李周翰注：「齊俗文體舒緩，言徐幹文章時有緩氣，然亦是粲之儔。」見《增補六臣註文選》，南宋淳祐七年丁未（1247）刊本（臺北：華正書局，1974年），卷52，頁8下（總頁964）。

緩，多自高大以養名聲。」《論衡‧率性》：「楚越之人
處莊嶽（齊南里名）之間，經歷歲月，變為舒緩，風俗
移也。故曰齊舒緩。」這都是說舒緩是齊地特殊的風俗
習慣。是齊氣為舒緩的鐵證。由於齊俗舒緩的生活環
境，影響到作者的個性和作品風格。所以說「徐幹時有
齊氣」。[78]

齊人舒緩之說，最早出自《史記‧貨殖列傳》，不只說到舒緩一
端：

齊帶山海，膏壤千里，宜桑麻，人民多文綵布帛魚
鹽。臨菑亦海岱之間一都會也。其俗寬緩闊達，而足
智，好議論，地重，難動搖，怯於眾鬥，勇於持刺，
故多劫人者，大國之風也。[79]

《漢書‧地理志下》本之而有所補充：

〔齊〕桓公用管仲，設輕重以富國，……故其俗彌侈，
織作冰紈綺繡純麗之物，號為冠帶衣履天下。

　　初太公治齊，修道術，尊賢智，賞有功，故至今
其土多好經術，矜功名，舒緩闊達而足智。其失夸奢朋
黨，言與行繆，虛詐不情。急之則離散，緩之則放縱。[80]

78　頁161。
79　《史記》，頁3265。
80　《漢書》，頁1660-1661。

但根據〈與吳質書〉「偉長懷文抱質，恬淡寡欲，有箕山之志」的評價，也就唯有選擇舒緩了。不過《史記》、《漢書》中「舒緩」、「闊達」、「足智」都是褒詞，《漢書》論齊詩「舒緩之體」後，接着引吳季札的話說：「泱泱乎，大風也哉！其太公乎？國未可量也。」[81]顯然是正面的評價。只有《文論選》引《漢書·朱博傳》顏師古注，把「舒緩」解作「遲緩」，始為貶義。不過有了以上幾處用例，顏注的解釋是否準確就很成疑問了。

討論至此可以稍作總結：舒緩是一個正面的詞，齊氣卻帶有負面意義，李善注說齊氣即舒緩，這是說不通的。推測他的意思應該是採用舒緩的負面意思，即鬆懈，或者借用顏師古的「遲緩」也未嘗不可。如果這樣理解沒有錯，就可以進一步說，齊氣不能代表陰柔的風格，[82]因為齊氣只是壞的陰柔風格，[83]好的陰柔風格有舒緩之美而不至鬆散、遲緩。由此可見，〈論文〉

81　同上注，頁1659。

82　如果要準確地表述，這一段裏的「風格」應該改為「風格或性格」，但為免冗贅，以風格概括性格。

83　「風格」一詞有不同的理解，有人認為只有正面的特色才可以稱為風格，但從文體學（stylistics）的角度看，文體（style，風格的另一種譯法）只是使用語言的特點，不一定是正面的。參考Roger Fowler的說法："One usage [of style] can be discarded at once: criticism is not concerned with the belief that some authors or books have style（are 'stylish'）whereas others do not. We must assume that all texts manifest style, for style is a standard feature of all language, not *de luxe* extra peculiar to literature or just to some literature. A style is a manner of expression, describable in linguistic terms, justifiable and valuable in respect of non-linguistic factors."見*A Dictionary of Modern Critical Terms*, edited by Roger Fowler（revised and enlarged edition; London and New York: Routledge & Kegan Paul, 1987）, p. 236。亦可參考Raymond Chapman, *Linguistics and Literature: An Introduction to Literary Stylistics*（London: Edward Arnold, 1974）。

對齊氣的批評很可能並非針對它的屬性，而在於作品水平的不理想。[84]

（二）體氣高妙

《通史》認為「體氣」就是「氣」，[85]這一說法尚需討論。在某些用例裏「體氣」確然是一種氣，如：

> 《三國志·魏書·滿寵傳》：「初，寵與凌共事不平，凌支黨毀寵疲老悖謬，故明帝召之。既至，體氣康彊，見而遣還。」

> 《搜神記》：「體氣甚急，狀若將死。」

> 《晉書·禮志》載晉武帝詔：「欲瞻奉山陵，以敍哀憤，體氣自佳耳。」

> 《晉書·陸玩傳》：「臣已盈六十之年，智力有限，疾患深重，體氣日弊，朝夕自勵，非復所堪。」[86]

但這些「體氣」指的都是健康情況。另一些用例如：

> 《三國志·吳書·王蕃傳》：「蕃體氣高亮，不能承顏順指。」[87]

84　這和前文論述過的「氣之清濁有體」即「巧拙有素」很相似，曹丕對作品高下的關心遠超過對風格的注意。

85　頁31。

86　《三國志》，頁723；《搜神記》，卷12，頁152；唐房玄齡等：《晉書》（北京：中華書局，1974年），頁615、2025。

87　頁1453。

吳姚信《士緯》：「陳仲舉<u>體氣高烈</u>，有王臣之節。」[88]

則指天生的性格，「體氣高妙」應該是這種用法。不過這些「體氣」未必是一個詞。[89]上文「氣論中的清濁和陰陽」一節說過，漢魏人常用「稟氣玄妙」之類的話來稱讚人，《通史》列舉了下面幾個例子：[90]

蔡洪〈與刺史周俊書〉：「〔嚴隱〕<u>稟氣清純</u>」[91]

佚名〈涼州刺史魏元丕碑〉：「〔魏元丕〕<u>稟乾氣之純懿</u>」

蔡邕〈童幼胡根碑〉：「〔胡根〕<u>應氣淑靈</u>」

陸績〈述玄〉：「〔揚〕雄<u>受氣純和</u>」

佚名〈《中論》序〉：「〔徐幹〕<u>含元休清明之氣</u>」[92]

88　《世說新語・品藻》「元禮居八俊之上」劉孝標注引，見余嘉錫：《世說新語箋疏》（上海：上海古籍出版社，1993年），頁498。

89　《通史》又引王充《論衡・無形》為證，但原文「體氣與形骸相抱，生死與期節相須」是對句，「體氣」和「生死」相對，體、氣當是二事。

90　頁26-27。

91　見《全上古三代秦漢三國六朝文》，〈全晉文〉，卷81，頁8上，總頁1928。又《通史》注：「蔡洪，三國吳人，吳亡，仕于晉。其《與刺史周俊書》作于吳亡之後，書中品藻吳之名士。」（頁27）

92　《全上古三代秦漢三國六朝文》，〈全後漢文〉，卷104，頁5下（總頁1034）；卷76，頁2下（總頁884）；〈全三國文〉，卷68，頁8下（總頁1423）；徐湘霖：《中論校注》，頁1。

從各用例中不難發現，「稟」、「應」、「受」、「含」都是動詞。傳統的氣論本就認為人接受了自然的精氣而成為人，愈是好的氣，愈對人有益，「玄妙」、「清純」等都是形容氣的美詞。曹丕本人所作的〈周成漢昭論〉說：「余以為周成王<u>體上聖之休氣</u>，稟賢妣之貽誨。」以「體」、「稟」對文。《文心雕龍‧風骨》引〈論文〉「氣論」諸語後，復引劉楨之說云：「公幹亦云，孔氏卓卓，<u>信含異氣</u>，筆墨之性，殆不可勝。」[93]「信」是誠然的意思，張仁青認為劉楨「『信（有）〔含〕』二字正說明自己對曹丕之批論確信不疑」，[94]這是很細緻的看法。[95]由此可見，「體」和「含」、「稟」、「應」等的意思非常接近。至於「高妙」則是與「玄妙」、「淑靈」相類的尋常讚美之詞，《後漢書‧孔融傳》說「融負其高氣」，[96]也是相同的意思。由此可見，「體氣高妙」並無風格上的含義。

（三）逸氣

《通史》說：「『逸氣』，指不受拘束，俊逸奔放的風格。『未遒』，大約在曹丕看來，劉楨詩文雖不拘常檢，但還不夠遒緊

93　《藝文類聚》卷12，帝王部二，漢昭帝，頁233；范文瀾《文心雕龍註》（香港：商務印書館香港分館，1960年港新1版），頁514。

94　張仁青：《魏晉南北朝文學思想史》，頁443。

95　雖然〈論文〉寫成時劉楨已過世，但「孔融體氣高妙」可能是曹丕一貫的看法，因此無礙於在〈論文〉前已有劉楨的響應。

96　頁2264。

有力。」[97]「逸氣」一詞帶有陽剛的意味似無疑義，[98]不過由此推論曹丕毫無保留地推崇陽剛風格，卻是大有問題的。因為〈論文〉說劉楨「壯而不密」，壯即有逸氣，曹丕卻認為僅僅壯並不足夠，劉楨之失在於不夠縝密。在〈與吳質書〉中，曹丕對劉楨的批評無寧仍在於他的文學成就，「其五言詩之善者，妙絕時人」才是重點所在。

（四）體弱

李善認為體弱即氣弱：「《典論‧論文》曰：『文以氣為主，氣之清濁有體。』〔氣〕弱謂之體弱也。」[99]後人有認為體弱即指身體不健康的，[100]因為根據《三國志》本傳，劉表即「以粲貌寢而體弱通侻」輕視他。[101]據上文所述，傳統氣論認為人的身體強弱以至智能高下，都和稟氣有關，所以體弱可以視為氣弱的結果，而對才華也有影響。即使採用李善的說法，也不會影響本節的結論，因為「氣弱」很明顯是量的問題，與清濁無關。

據本節的分析，可以得到兩點結論：

97　頁31-32。

98　可以舉出兩個《晉書》的用例，一見〈桓溫傳〉：「桓溫挺雄豪之逸氣，韞文武之奇才。」（頁2581）另一見〈載記〉：「〔傅檀〕神爽宏拔，逸氣陵雲」（頁3148）

99　《文選》卷42，頁9下（總頁591）。胡克家《文選考異》：「何〔焯〕校上『弱』上添『氣』字，陳〔景雲〕同，是也。各本皆脫。」見《文選》附錄《胡氏考異》卷7，頁22下至23上（總頁950）。

100　如羅宗強：《魏晉南北朝文學思想史》，頁28-29。

101　《三國志》，頁598。

一、曹丕用來評論作家的所謂「氣論諸語」，其實是參差不齊的，其中既有詞語，也有詞組，它們都和氣有些疏密不一的關係，但不能組成一個完整的系統。因為其中兩個詞語（詞組）只是一般性的褒貶之語（「體氣高妙」、「體弱」），儘管「齊氣」和「逸氣」的性質較明確，曹丕無意建立一套完整的氣論來評價作家是顯然可見的。這正是本文題目用「以氣論文」取代常見的「文氣論」的緣故。

二、「齊氣」、「逸氣」雖然帶有陰柔或陽剛風格的意味，但曹丕使用時卻非著眼於它們的風格屬性，而是把它們當作表示正面或負面評價的標籤。除了齊氣、逸氣外，當時流行的還有俠氣、雄氣、怨氣等詞，都是日常用語，並不屬於人稟氣而生的哲學體系，不應該和清濁之氣、五行之氣等嚴格的術語相混。

六、「文帝論文主于遒健」

無論在〈論文〉還是〈與吳質書〉裏，曹丕重視的都是作家的造詣而非風格，但論者既將清濁理解為風格，又將逸氣理解為清剛、齊氣理解為柔濁，[102] 自然就得到曹丕崇尚清剛風格的結論。「文帝論文主于遒健，故以齊氣為嫌」是黃侃在〈論文〉「徐幹時

---

102 其實清剛、柔濁在構詞上並不對稱。清剛於古有徵，最著名的出處當然是《詩品》：「劉越石仗清剛之氣，贊成厥美。」見曹旭：《詩品集注》（上海：上海古籍出版社，1994），頁28。但柔濁卻似乎是《文論選》自撰的新詞。其他論者或沿用較常見的陰柔，但也有問題，見下文。

有齊氣」句下的批語，[103]後來學者多信從此說，張少康、劉三富《中國文學理論批評發展史》和《通史》可以作為代表。[104]然而前文已證明清濁並非風格，曹丕亦不以清剛柔濁的概念評價作者，這些說法的論證過程並不能成立。但在邏輯上，論證無效不等於結論錯誤，因此本節要進一步證明：曹丕論文並非主于遒健。

　　曹丕肯定「逸氣」、否定「齊氣」不表示他讚賞陽剛、批評陰柔，上一節已有說明，這裏再補充一些證據。首先，如果一切作品的風格可以大略分為陽剛和陰柔兩大類型，為甚麼陽剛一定勝於陰柔？《文心雕龍·定勢》就說過：「剛柔雖殊，必隨時而用。」又說：「然文之任勢，勢有剛柔，不必壯言慷慨，乃稱勢也。」[105]《文心雕龍·風骨》很多人都以為獨標骨勁氣猛的風格，但鄧仕樑指出篇中「剛健既實，輝光乃新」一語源自《易經》大畜卦的彖辭：「大畜。剛健篤實，輝光日新其德。」[106]《易》之剛健既有剛強雄壯之義，也有持久不息之意，但剛健不能無所

103 《文選黃氏學》(臺北：文史哲出版社，1977年)，頁246。

104 《中國文學理論批評發展史》：「曹丕在論『氣』時很清楚地反映了建安時代文學創作的基本傾向與美學要求。當時三曹七子的作品都以追求慷慨悲壯、清晰昭明為主要特徵，劉勰所指出的『梗概多氣』是建安文學的時代風貌。曹丕所說的『逸氣』是指劉楨作品中『真骨凌霜』的壯偉風貌，是符合這種時代特點的；而徐幹的『齊氣』，則與時代風貌不大一致，曹丕是不喜歡的。」(頁172)《通史》：「從曹丕的批評徐幹『時有齊氣』和王粲『體弱』、應瑒『不壯』以及讚美劉楨『壯』、『有逸氣』看來，他崇尚的是壯大有力的風格。」(頁32)

105 見范文瀾《文心雕龍註》，頁530、531。

106 見《十三經注疏》，頁40中。

止，篤實正是剛健的制約，所以說〈風骨〉篇鼓吹雄勁有力的風
格其實是一種誤解。[107]

沈約在《宋書‧謝靈運傳》後的史臣評論裏說：「民稟天地
之靈，含五常之德，剛柔迭用，喜慍分情。」[108]其剛柔也不寓褒
貶之意，當然這裏並非專指文學風格而言，但《文論選》認為沈
約這段文字受〈論文〉的啟發（說詳上文），故順筆及之。

晚至清桐城派姚鼐以陰陽剛柔區分文章之美，也並未有所
軒輊於其間，姚鼐〈海愚詩鈔序〉說得很清楚：

> 吾嘗以謂文章之原，本乎天地。天地之道，陰陽剛柔
> 而已。苟有得乎陰陽剛柔之精，皆可以為文章之美。
> <u>陰陽剛柔並行而不容偏廢，有其一端而絕亡其一，剛</u>
> <u>者至於僨強而拂戾，柔者至於頹廢而闇幽，則必無與</u>
> <u>於文者矣</u>。[109]

姚鼐的後學曾國藩雖自言偏愛雄奇，[110]但也認同陰陽各有其美，
其〈聖哲畫像記〉說：

---

107 甚至「風骨」一詞根本就不是表示風格的術語，詳細論證見鄧仕樑：〈「能研
　　諸慮，何遠之有哉」——《文心雕龍‧風骨》九慮〉，《中國文哲研究集刊》，
　　第十二期（1998年3月），頁150-160。本篇所論多受該文啟發。

108 梁沈約：《宋書》（北京：中華書局，1974年），頁1778。

109 姚鼐：《惜抱軒全集》（臺北：世界書局，1960年），頁35。另參〈復魯絜非
　　書〉，同上書，頁71-72。

110 〈覆吳南屏書〉：「平生好雄奇瑰瑋之文」，見《曾文正公全集》（臺北：世界
　　書局，1952年），第九冊〈書牘〉，頁47。

西漢文章，如子雲、相如之雄偉，此天地遒勁之氣，
得於陽與剛之美者也，此天地之義氣也。劉向、匡衡
之淵懿，此天地溫厚之氣，得於陰與柔之美者也，此
天地之仁氣也。[111]

劉、姚、曾三人都是有見地的評論家，他們對文章風格都不曾
偏舉一端，如果曹丕獨主陽剛，這不會太偏頗嗎？何況〈論文〉
明明提出了不同文類有不同的風格要求：「夫文，本同而末異。
蓋<u>奏議宜雅，書論宜理，銘誄尚實，詩賦欲麗。此四科不同，
故能之者偏也。唯通才能備其體</u>。」[112]文類各有所宜，豈能一成
不變？所以通才自然勝於偏才，說曹丕主於遒健者又會怎樣解
釋這幾句話呢？[113]

　　其實曹丕不可能傾心於陽剛的最重要理由，還在於他個人
的文學風格。《文心雕龍‧才略》說「魏文之才，洋洋清綺」，又
說「子桓慮詳而力緩，故不競於先鳴」。紀昀謂「〈時序〉篇總論
其世，〈才略〉篇各論其人」，雖然是論人，但劉勰主要的印象
還是從閱讀諸家作品得來的，因此上引評語也可視為對曹丕文
學風格的描述。從「清綺」、「力緩」、「不競於先鳴」諸語看，曹

111　《曾文正公全集》第八冊〈文集〉，頁121。

112　《文選》卷52，頁7下（總頁720）。

113　蔡英俊〈曹丕「典論論文」析論〉認為清濁並無價值判斷，就是有見於陽剛
　　　陰柔兩種風格不可能有截然的高下之分，見《中外文學》8卷12期（1980年5
　　　月號），頁135。這是合理的看法，但他仍誤以為清濁與風格有關，對〈論
　　　文〉的理解尚有偏差。

丕詩文不近於陽剛是顯然可見的。沈德潛《古詩源》對曹丕詩的總評是:「子桓詩有文士氣,一變乃父悲壯之習矣。要其便娟婉約,能移人情。」[114]那麼曹丕的詩風不正是陽剛的相反嗎?

王夢鷗認為曹丕之作《典論》,與爭奪太子之位有關,所以〈自序〉極意自誇才華,〈姦讒〉、〈酒誨〉隱然針對曹植,[115]如果曹丕真能做到「審己以度人」,他是沒有理由推崇一種自己並不具備的風格的。

七、《文心雕龍》〈風骨〉、〈體性〉與〈論文〉

〈風骨〉篇引用了〈論文〉的「氣論諸語」,後接以劉楨的一段佚文:

> 故魏文稱文以氣為主,氣之清濁有體,不可力強而致;故其論孔融,則云體氣高妙;論徐幹,則云時有齊氣;論劉楨,則云有逸氣。公幹亦云,孔氏卓卓,信含異氣,筆墨之性,殆不可勝。並重氣之旨也。[116]

「風骨」義旨聚訟已久,劉勰此處如何理解〈論文〉實在難以確知,鄧仕樑認為:

---

114 范文瀾:《文心雕龍註》,頁700、702(注1);《古詩源》(北京:中華書局,1963年新1版),頁107。

115 參考王夢鷗《古典文學論探索·曹丕典論論文索隱》及《傳統文學論衡·從典論殘篇看曹丕嗣位之爭》(臺北:時報文化出版企業有限公司,1987年)二文。

116 范文瀾:《文心雕龍註》,頁513-514。

> 大約言之，風既為「化感之本源，志氣之符契」，則氣
> 自與風和化感有關。又贊之首句云「情與氣偕」，[117]則
> 氣亦當與情有關。要之氣與情、意在情與辭的二分概
> 念裏同屬一面。如果要分層次，則氣猶在情意之先，
> 即先有氣而後生情意，所以此篇提出『重氣之旨』。范
> 註謂「氣指其未動，風指其已動」，也說得通。[118]

倘據此說，則氣與風含義相近，而和骨意思相去較遠。在《文心雕龍》裏，風和骨是為文的基本要求，所以說「能鑒斯要，可以定文，茲術或違，無務繁采」，[119]但〈論文〉並無風與骨的二元對立概念，「文以氣為主」的「氣」應該比〈風骨〉篇的「氣」涵攝更廣。劉勰的體系其實要比曹丕複雜些，但因為引用了〈論文〉的文句，便給人一脈相承的印象。

另外，正如上文提到的，《文論選》又引用〈體性〉篇來解釋「氣之清濁有體」，這一點也是需要辨析的。

《文論選》認為〈論文〉「氣之清濁」本來指才知的清濁，但曹丕「不作才與氣的區別，所以也可以說清是俊爽超邁的陽剛之氣，濁是凝重沉鬱的陰柔之氣」，後來〈體性〉篇的「才有庸儁」云云「多少是受了曹丕論文的啟發」。[120]所謂「不作才與氣的區

---

117 〈風骨〉贊語全文如下：「情與氣偕，辭共體並。文明以健，珪璋乃騁。蔚彼風力，嚴此骨鯁。才鋒峻立，符采克炳。」見《文心雕龍註》，頁514。
118 鄧仕樑：〈「能研諸慮，何遠之有哉」〉，頁143。
119 《文心雕龍註》，頁513。此說亦本自鄧仕樑〈「能研諸慮，何遠之有哉」〉。
120 《文論選》，頁163。

別」，乍看不容易理解。考〈體性〉原文說：

> 才有庸儁，<u>氣有剛柔</u>，學有淺深，習有雅鄭，並情性
> 所鑠，陶染所凝，是以筆區雲譎，文苑波詭者矣。故
> 辭理庸儁，莫能翻其才；風趣剛柔，寧或改其氣；事
> 義淺深，未聞乖其學；體式雅鄭，鮮有反其習。[121]

〈體性〉把作家的「性」分解成四個方面，才和氣是先天的稟賦，
學和習則是後天的養成。原文「情性所鑠」上承才氣二句，「陶
染所凝」上承學習二句，條理井然。庸儁是高下的分別，所以才
意謂才能；剛柔是性向的不同，所以氣當指氣質。《文論選》說
曹丕不區別才、性，顯然是以〈體性〉為標準來評價〈論文〉，這
本來不錯，但根據上文分析，清濁應當與巧拙對應，所以「氣之
清濁有體」實近於「才有庸儁」。〈論文〉和〈體性〉的「氣」字同
而意思不同，《文論選》混而為一，所以才有清濁為剛柔風格的
進一步闡釋，這恐怕也是一般論者的錯誤。

八、結論

　　綜合以上各節，本文的主要論點有三項：

　　一、〈論文〉的清濁是指文學造詣的高下，並不涉及風格問
題，因此不能理解為陽剛和陰柔。

　　二、曹丕評論建安作家時，關注的是文學造詣而非風格差
異。他沒有使用清濁之氣的概念來描述作家或作品的風格，他

121《文心雕龍註》，頁505。

的評論也沒有嚴密的系統，所以不能稱為「文氣論」。

三、曹丕並未標舉任何一種風格，相反地他主張不同的文類應有不同的風格，能夠各體兼擅的方為通才。

本文論證的背後原則是不建構過份大型的體系，因此有把傳統氣論視為若干個為了解答不同問題而構想的理論系統，並為日常用語的存在留下空間等處理方式。對〈論文〉和〈與吳質書〉的理解也如是，不勉強將「齊氣」、「逸氣」等納入清濁的體系裏。這樣處理，主要是考慮到統合性的大體系往往是後人建立的，在建立過程中，原始材料的某些差異被忽略了，說法間的縫隙被填補了。如果古人復生，或許會讚賞後人比他們想得更周密宏大，但這並非他們原來的想法。一涉及歸納整理，這種情況就不可能避免，但盡量不過份建構，可能會距離原意近些吧。

最後附帶一提，徐復觀在〈中國文學中的氣的問題〉裏說：「『文以氣為主，』是說文章的體貌，乃由作者的生理地生命力所決定。……文體是生命力的直接表現，因而文體決定於生命力，這可以說是論文的第一義。」[122]這段話頗為論者所引用，但細察

---

[122] 見徐復觀：《中國文學論集》(臺北：臺灣學生書局，1974年，2版)，頁300。徐氏把「文體」解釋為文章的體貌，並認為古今人多誤以文類為文體，見徐氏：〈文心雕龍的文體論〉，載上書，頁1-83。龔鵬程〈《文心雕龍》文體說〉力辨其非，見龔鵬程：《文學批評的視野》(臺北：大安出版社，1990年)，頁105-120。顏崑陽〈論文心雕龍「辯證性的文體觀念架構」〉則有所調停，載顏崑陽：《六朝文學觀念叢論》(臺北：正中書局，1993年)，頁94-187。由於「文體」的解釋和本文關係不大，茲從略。但「文以氣為主」的「文」是否文體，則大可商榷。

不無問題。因為徐氏下文又説，〈論文〉中音樂的譬喻源於《左傳‧昭公二十年》一段論音樂的文字：「聲亦如味。……清濁、大小、短長、疾徐、哀樂、剛柔、遲速、高下、出入、周疏，以相濟也。」[123]並進一步説：

> 曹丕把氣在音樂方面所表現的清濁，完全轉用在文氣方面，這未免陳述得太不便巧。因為音樂中的所謂清濁，實指的是聲音的輕重。而一般人對清濁的印象，不期然而然地是喜清而厭濁；於是曹丕所舉出的氣的清濁二體，無形中使人感到只有清的一體才有意義；這與曹丕想陳述「氣有不同之體」的原意，不太相適合。[124]

其實〈論文〉的譬喻未見得必然來自《左傳》，而文中的清濁的確帶有喜厭之情。徐氏像很多論者一樣，認定清濁是風格，所以才誤以為原文「陳述得太不便巧」。但正如上文所説，〈論文〉評價作家，重點並非在於文學風格或體貌。在曹丕心目中，「論文的第一義」恐怕和徐復觀很不相同。

---

123 《十三經注疏》，頁2093下-2094中。
124 《中國文學論集》，頁302。

「建安風骨」術語系列成立基礎的檢討

—— 一個概念的史前史

一、引言

　　翻開任何近三四十年來出版的中國文學史，在漢末到三國這一段時期，總會碰到「建安風骨」一詞。據說，「建安風骨」是這時代的一種「獨特文學質地」。[1] 這種「質地」是怎樣的？較早期的論著受到官方文學史觀的規範，多強調建安文學的現實主義精神。[2] 隨著學術自由的尺度放寬，這種觀點已被晚近學者

1　徐公持《魏晉文學史》（北京：人民文學出版社，1999年）說：「三國前期文學不僅以中國文學史上的一個高潮引人注目，它還以獨特的文學質地在文學史上閃耀千古光彩，這就是『建安風骨』。」（頁13）建安是東漢獻帝的最後一個年號，由公元196年至220年，合共二十五年，此後曹丕接受「禪讓」，公元221年為魏黃初元年。但建安文學的時限通常定得較寬，例如林文月〈蓬萊文章建安骨——試論中世紀詩壇風骨之式微與復興〉（載林文月：《中古文學論叢》〔臺北：大安出版社，1989年〕）說，「在文學史或文學批評的立場而言」，建安文學「泛指由漢末到魏的那一段時期」（頁1-2）。劉知漸《建安文學編年史》（重慶：重慶出版社，1985年）記事終於魏明帝太和三年（229），三年後曹植亡故，「建安詩壇算是由曹植一人延續了十多年」（頁78）。

2　例如游國恩等主編《中國文學史》（北京：人民文學出版社，1963年）說：「這一時期，文壇上湧現了大量的作家，……他們直接繼承了漢樂府民歌的現實主義精神，反映了豐富的社會生活，表現了新的時代精神，具有『慷慨悲涼』的獨特風格，並且形成了『建安風骨』這一優良傳統。」（頁209）1957年中華人民共和國高等教育部審定的《中國文學史教學大綱（綜合大學中國語言文學系漢語言文學專業四、五年制用）》（北京：高等教育出版社，1957年）明確指出，「建安風骨的實質」是「現實性與反抗性，內容與形式的統一，繼承詩經、楚辭的優良傳統」（頁61）。

放棄，目前一般接受的「建安風骨」解釋大概是這樣的：「人們在談到建安詩歌的時候，常常稱譽『建安風骨』。所謂風骨，乃是指作品內在的生氣和感染力以及語言表達上的簡練剛健的特點。當然，這二者是緊密結合在一起的。而建安風骨的形成，就是基於其作品中的慷慨悲涼的感情及其在藝術上表現的上述特色。」[3] 本來，如果論者表達的是對建安文學質地或特色的個人觀察、判斷，這是完全可以接受的；但「建安風骨」是一個在歷史上出現的名詞，很多論者乃感到有必要交代它的淵源，例如徐公持《魏晉文學史》：

> 「風骨」一語，初由劉勰提出並加正面闡述。《文心雕龍・風骨》雖未直接與建安文學相聯繫，但文中多舉建安作者為例，如潘勗、孔融、徐幹、劉楨等。鍾嶸則提出「建安風力」(《詩品・總論》)，作為品評歷代詩歌的準繩。此後再提「建安風骨」，已入唐代。陳子昂〈修竹篇序〉中說到「漢魏風骨，晉宋莫傳」，此「漢魏」，包括建安在內，下文又有「可使建安作者相視而笑」語，可證所云「漢魏」，實指建安。自此「建安風骨」(或「漢魏風骨」)一語，在古代詩學理論中頗為流行。[4]

3　章培恆、駱玉明（主編）：《中國文學史》（上海：復旦大學，1996年），第1冊，頁310。

4　《魏晉文學史》，頁13。

可是這段話中引述的書籍或文章並未見「建安風骨」一詞，實際上「建安風骨」要到宋人嚴羽《滄浪詩話》才初次使用。以上引文半敍述半證明地把「風骨」（《文心雕龍》）、「建安風力」（《詩品》）、「漢魏風骨」（〈修竹篇序〉）連成一線，顯示「建安風骨」這一概念在它的書寫形式出現前，早就存在了。採用同樣的論說方式，但篇幅更長或連綴術語更多的論著並不罕見。[5]

　　為一個概念追源溯流，換個說法就是為它建構一段成立和演變的歷史。「建安風骨」是一個文學上的概念，它的歷史屬於文學史的一部份。我們承認歷史可以有多種說法，但不能無條件地接受所有說法。通過「建安風骨」概念建構出來的文學史，通常包括以下三個論題：（一）「建安風骨」的內涵；（二）建安文學受到歷代推許是因為擁有「建安風骨」；（三）歷代文人以「建安風骨」的詩學理想糾正所處時代的文風。這些論題以歷代對「建安風骨」有一貫的理解為前設，又以各時代的偏重略有不同來彌縫文獻資料的間隙。由於「建安風骨」的名目晚至宋代才出現，對接受上述前設的論者而言，由《文心雕龍》至《滄浪詩話》之間，可說是這一概念的「史前史」。由於這階段長達五、

5　例如王運熙〈從《文心雕龍·風骨》談到建安風骨〉（《文史》第九輯〔1980年6月〕，頁171-186）、林文月〈蓬萊文章建安骨〉、張可禮〈如何理解「建安風骨」?〉（載張可禮：《建安文學論稿》〔濟南：山東教育出版社，1986年〕，頁276-294）、王巍《建安文學概論》（瀋陽：遼寧教育出版社，1991年）、周振甫〈建安風骨試論〉（載周振甫：《文論散記——詩心文心的知音》〔北京：學苑出版社，1993年〕，頁425-431）、〈釋「建安風骨」〉（載同書，頁432-441）。這些論著的要點下面會再提及。事實上涉及建安風骨的學術論文或書籍中，這一論說方式可以視為慣例。

六百年，正有利於論者辯稱各術語（即「建安風力」、「漢魏風骨」
等）的「微小」差異是再合理不過的。可是，如果我們願意放棄
以上前設，細心考察那些術語──姑且稱為「建安風骨」系列術
語──原來的上下文理，就會發現它們的性質其實很不相同：
既有嚴格的文學論說，也有即興的浮泛之談。而過份強調某些
詞語，把它們從具有制衡互補作用的其他概念獨立出來，也就
改變了文獻的語意。本文通過詳細檢查「建安風骨」系列術語是
否具有連續性，藉以顯示流行論述的文獻基礎疑點重重，最終
目的則在於探討文學史研究者運用的概念怎樣主導了他們的研
究，或者説，文學史的面貌，怎樣為特定的概念所塑造賦形。

二、「建安風骨」系列術語的各別涵義

正如引言交代，本文考察的「建安風骨」概念，據論者説是
源自此時期的一種「獨特文學質地」。然而在文學的範疇裏，還
有不少和建安無關的「風骨」。有些論者把「風骨」和其他字面上
相似的術語，如「氣骨」、「骨格」、「骨力」等，類聚起來，稱為
「風骨論」。[6] 顯然「風骨論」的範圍要比「建安風骨」寬闊得多，
為免牽連太廣，本文排除了並不明確指涉建安文學的術語。舉
例説，宋人范溫《潛溪詩眼》對建安詩有頗具體的評論：「建安
詩辯而不華，質而不俚，風調高雅，格力遒壯。其言直致而少

---

6   參羅宗強：《魏晉南北朝文學思想史》（北京：中華書局，1996年），頁330-
     340。

對偶，指事情而綺麗，得風雅騷人之氣骨，最為近古者也。一變而為晉宋，再變而為齊梁。」[7] 這段話表達得很清楚，「氣骨」源於「風雅騷人」，即《詩經》、《楚辭》，建安詩乃其直系嫡傳，晉宋、齊梁則愈變愈遠。既然這裏的「氣骨」並非發端於建安時期的獨特文學風格，因此只屬於「風骨論」，不能納入「建安風骨」術語系列；也因此本文的結論只針對「建安風骨」論述。至於「風骨論」的是非，則需要另外研究了。

（一）《文心雕龍》「風骨」

《文心雕龍》「風骨」涵義的紛歧，可能是全書各用語之冠；[8] 但儘管眾說難定，「建安風骨」論者總喜歡溯源至此。

細察《文心雕龍·風骨》篇，其實沒有論及建安文學。劉勰舉出兩篇有風骨的作品，一是潘勖〈冊魏公九錫文〉，二是司馬相如〈大人賦〉。[9] 潘勖和曹操同時，但一般提到建安作者，都以

7　吳文治（主編）：《宋詩話全篇》（南京：江蘇古籍出版社，1998年），〈范溫詩話〉，頁1245。

8　陳耀南在八十年代選錄了風骨的六十五家解說，歸納為十類，其中雖有軒輊，最後仍慨歎想得到確解，「恐怕要請〔詹〕〔彥〕和回來示現，以破迷惑而廣知見」。見陳耀南：〈文心風骨群說辨疑〉，《明報月刊》第22卷第10期（1987年10月），頁93。牟世金〈「龍學」七十年概觀──《文心雕龍研究論文選編》序言〉（載饒芃子〔主編〕：《文心雕龍研究薈萃》〔上海：上海書店，1992年〕，頁17-40）把《文心雕龍》研究由1914年到二十世紀八十年代的發展分為三個階段，在每一個階段裏，「風骨」都是研究的重點。

9　在〈風骨〉篇裏，〈冊魏公九錫文〉是「骨髓峻」之例，〈大人賦〉則是「風力遒」之例，有些論者認為風骨不能截然分開，只是修辭上的互文見義，這問題與本文關係不大，不詳論。

三曹七子為代表，旁及路粹、繁欽、邯鄲淳、楊修等，潘勗充其量只算邊緣人物。〈風骨〉篇也引用了曹丕、劉楨對同代作者的評論，但也僅是用來證明「氣」的重要罷了。[10]

　　溯源者認為〈風骨〉篇雖然沒有直接提到「建安風骨」，但劉勰對建安文學——特別是詩——的部份評價是符合風骨定義的。他們引為證據的是以下兩段文字：

> 暨建安之初，五言騰踊，文帝陳思，縱轡以騁節；王〔粲〕徐〔幹〕應〔瑒〕劉〔楨〕，望路而爭驅；並憐風月，狎池苑，述恩榮，敍酣宴，慷慨以任氣，磊落以使才；造懷指事，不求纖密之巧，驅辭逐貌，唯取昭晰之能；此其所同也。（〈明詩〉）

> 自獻帝播遷，文學蓬轉，建安之末，區宇方輯。魏武以相王之尊，雅愛詩章；文帝以副君之重，妙善辭賦；陳思以公子之豪，下筆琳瑯；並體貌英逸，故俊才雲蒸。仲宣〔王粲〕委質於漢南，孔璋〔陳琳〕歸命於河北，偉長〔徐幹〕從宦於青土，公幹〔劉楨〕徇質於海隅，德璉〔應瑒〕綜其斐然之思，元瑜〔阮瑀〕展其翩翩之樂。文蔚〔路粹〕休伯〔繁欽〕之儔，于叔〔邯

10　〈風骨〉篇云：「故魏文稱文以氣為主，氣之清濁有體，不可力強而致；故其論孔融，則云體氣高妙；論徐幹，則云時有齊氣；論劉楨，則云有逸氣。公幹亦云，孔氏卓卓，信含異氣，筆墨之性，殆不可勝，並重氣之旨也。」見范文瀾：《文心雕龍註》（香港：商務印書館，1960年香港新一版），頁513-514。

鄴淳〕德祖〔楊修〕之侶，傲雅觴豆之前，雍容衽席之上，灑筆以成酣歌，和墨以藉談笑，觀其時文，雅好慷慨，良由世積亂離，風衰俗怨，並志深而筆長，故梗概而多氣也。（〈時序〉）[11]

不過這兩段話是否表示建安文學富於風骨，顯然視乎論者預先對「風骨」一語下了甚麼定義。張可禮認為「風」指「作品的內容能夠得到爽朗顯豁、剛健有力的表現」，「骨」則是文辭「端莊明顯、精煉不繁」，建安文學「慷慨任氣」、「志深筆長」、「梗概多氣」，等同「風」的意思；「不求纖密之巧」、「唯取昭晰之能」，則達到「骨」的要求。[12]同樣解讀以上兩段文字，劉知漸由於把「風骨」理解為「語言的感染力和準確性」，所以他認為〈明詩〉只有「造懷指事」以下幾句近於「骨」，至於「憐風月」云云，乃指作品的內容。〈時序〉「『雅好慷慨』、『梗概而多氣』，屬於『風格』問題，和〈風骨〉篇所説的『風』與『骨』並無相似的地方」。[13]可見〈明詩〉、〈時序〉對解決問題並無必然幫助。

「風骨」涵義未能確定，「建安風骨」的始源是否無法討論？我們或可採用另一種思路，繞過障礙來解決問題。先考慮〈風骨〉篇中「風骨」和「采」的關係。張少康〈齊梁風骨論的美學內容〉有一段話很能代表通行的看法：

11　《文心雕龍註》，頁66-67、673-674。
12　〈如何理解「建安風骨」?〉，頁278-279。
13　劉知漸：〈「建安風骨」新探〉，載《建安文學編年史》，「附錄」，頁115-116。

劉勰認為文學創作應當以風骨為主，以辭采為輔，兩
者都是必備的，但有主次之分，應當在「風清骨峻」的
前提下，做到「辭采華茂」，方為最美之佳作。劉勰反
對片面追求辭采而喪失風骨的傾向。他說：「若豐藻克
贍，風骨不飛，則振采失鮮，負聲無力。」「茲術（按
指風骨）或違，無務繁采。」《文心雕龍・風骨》篇的
一個中心思想即在闡明風骨與辭采的統率與被統率關
係。[14]

〈風骨〉篇原文用三種禽鳥比喻「風骨」和「采」的關係，張氏只
引用其一，現全錄原文如下：「夫翬翟備色，而翩翥百步，肌
豐而力沈也。鷹隼乏采，而翰飛戾天，骨勁而氣猛也；文章才
力，有似于此。若風骨乏采，則鷙集翰林，采乏風骨，則雉竄
文囿，唯藻耀而高翔，固文筆之鳴鳳也。」[15] 就能否高飛遠翥來
說，鷹隼當然勝過翬翟，但劉勰取義似不在此。原文以這兩種
禽鳥各有缺陷來襯托出鳴鳳的完美，否則但論飛翔本領，鷹隼
何讓於鳴鳳？[16] 由此可見，「風骨」與「采」兼備，才是劉勰心目
中文章的最高標準。退而求其次，「風骨」或應比「采」佔先，不
過一旦符合了「風骨」的要求，就應該追求繁采，不然又怎能上
窺「文筆鳴鳳」的境界？鄧仕樑〈「能研諸慮，何遠之有哉」——

14　張少康：〈齊梁風骨論的美學內容〉，載張少康：《古典文藝美學論稿》(北
　　京：中國社會科學出版社，1988年)，頁63。

15　《文心雕龍註》，頁514。

16　正如僅論毛羽色彩，原文對翬翟和鳴鳳並無軒輊於其間。

《文心雕龍·風骨》九慮〉説：「風骨只是寫作的基本要求，並非文章的極至，學文者尚當追求文采（文學技巧）和新意奇辭。」[17] 這一説法別開生面，很能緊扣原文。這樣看來，劉勰鄭重提出「風骨」，乃因為它是寫作文章的基本要求，誰都不能迴避它，無論是建安或其他時代的作者。[18]

論者又多認為「風骨」是一種「剛健有力」的風格，〈明詩〉、〈時序〉所描述的建安文學正好具有這樣的面貌。[19] 他們的根據主要是〈風骨〉篇中「是以綴慮裁篇，務盈守氣，剛健既實，輝光乃新」，及「若能確乎正式，使文明以健，則風清骨峻，篇體光華」等語。但鄧仕樑指出，「剛健既實」和「文明以健」都源於《易經》，前者出自《易·大畜·彖辭》：「大畜，剛健篤實，輝光日新其德。」後者出自《易·同人·彖辭》：「文明以健，中正而應，君子正也。」[20] 參照《易經》本文和王弼注，「剛健」與「篤實」、「文明」與「健」各為相對的兩面，因此説〈風骨〉篇鼓吹剛健風格實為誤解。[21]

17　鄧仕樑：〈「能研諸慮，何遠之有哉」——《文心雕龍·風骨》九慮〉，《中國文哲研究集刊》第12期（1998年3月），頁141。

18　紀昀説：「『風骨乏采』是陪筆，開合以盡意耳。」可見和張氏相似的看法由來已久。轉引自《文心雕龍註》「固文筆之鳴鳳也」下注，頁518。

19　如張可禮：〈如何理解「建安風骨」?〉；另參王運熙、楊明：《中國文學批評通史·魏晉南北朝卷》（上海：上海古籍出版社，1996年），頁448-449。

20　《十三經注疏》（阮元校刻本〔北京：中華書局，1980年〕），頁 29、40。

21　〈「能研諸慮，何遠之有哉」〉，頁150-158。又，周文鏵也注意到〈風骨〉篇用《易·彖辭》，並得到和鄧仕樑相同的結論，但周氏對兩段〈彖辭〉的解釋和鄧氏不同，參周文鏵：〈「建安風骨」不應僅指風格剛健之作〉，載胡世厚等（主編）：《建安文學新論》（鄭州：中州古籍出版社，1992年），頁65-69。

〈明詩〉篇關於歷代詩風變化的一段，[22] 很多人都注意到了，但那是沒有表露評價的描述，劉勰本人對詩歌風格的主張見於接着的一段裏：「若夫四言正體，則雅潤為本；五言流調，則清麗居宗；華實異用，惟才所安。故平子〔張衡〕得其雅，叔夜〔嵇康〕含其潤，茂先〔張華〕凝其清，景陽〔張協〕振其麗。兼善則子建仲宣，偏美則太沖公幹。」〈明詩〉篇的上文固然以「不求纖密」、「唯取昭晰」形容建安詩風，但這並非劉勰心目中詩歌的最佳風格。從這段引文可見，劉勰認為合四言、五言而論，以曹植、王粲成就最高，他們兼備了雅、潤、清、麗之長，同是建安作者的劉楨，卻只屬偏美，而〈體性〉篇評論劉楨正說：「公幹氣褊，故言壯而情駭。」[23] 劉勰不獨尊建安，更不獨取剛健，這兩點是非常明顯的。

經過上文的分析，即使我們未能獲得《文心雕龍》「風骨」的確解，有些關於「建安風骨」的說法，已可予以澄清。首先，「風骨」是寫作的基本要求，不僅建安時代的好作品有風骨，任何好作品也該如此，所以在「風骨」之前飾以「建安」二字，並不合乎劉勰的原意；其次，劉勰推崇的並非剛健的詩風；其三，劉勰對詩人的評價和他們的時代無關，他欣賞某些建安作者，但沒有排斥其他時代的詩人。有論者說：「劉勰強調風骨，強調文章應有明朗剛健的文風，是由於他對當時文風頗不滿意。南朝

22　上文引用了涉及建安的部份。

23　《文心雕龍註》，頁67、506。

宋齊時代，文風進一步趨向綺靡，許多作家追求華辭麗藻，……
所以劉勰針對當時文風，大力提倡風骨。」[24] 綜合前述三點，這
種說法是不能成立的。我們可以說，「建安風骨」不能追溯到《文
心雕龍》。[25]

（二）《詩品》「建安風力」

　　為「建安風骨」溯源者力圖把《文心雕龍》的「風骨」和建安
文學拉上關係，這種心思在面對《詩品》時卻用不着了，因為鍾
嶸已自行把「建安」和「風力」連在一起，所以論者往往簡單地
一句「建安風力」即「建安風骨」就算了。[26] 論者願意花筆墨的，
是《詩品》的「風力」觀，即鍾嶸以「風力」統率「丹彩」，「建安
風力」是兩晉以來文學歪風的糾正。但這兩點實在頗有商榷餘地。

　　「風力」在《詩品》裏共出現三次，其中一次和「建安」相連。
為便於討論，以下把三個「風力」和它們的上下文完整地引錄出
來：

24　《中國文學批評通史・魏晉南北朝卷》，頁454。

25　周文鈴〈「建安風骨」不應僅指風格剛健之作〉也有類似的觀點：「我是不同
　　意將劉勰的『風骨』與『建安風骨』的『風骨』等而視之的。我認為，前者是
　　普遍地對文章提出的一種審美要求，而後者則是對一代文學本質特徵的認
　　識和評價，是一項文學傳統的概括表述；兩個『風骨』，是詞形相同而涵義
　　有別的兩個概念，直接以對劉勰『風骨』的解釋來説明『建安風骨』，是不合
　　適的。」（頁70）但具體的論證及對「建安風骨」的基本看法，本文與周氏不
　　同，見下文。

26　例如周振甫〈釋「建安風骨」〉引用《詩品》提到「建安風力」的文句後，馬
　　上説：「鍾嶸講的『建安風力』就是『建安風骨』。」（頁432）沒有提出任何理
　　據。又，《魏晉文學史》（見引言所引）、《中國文學批評通史——魏晉南北朝
　　卷》（頁449）也一樣。

逮漢李陵，始著五言之目矣。「古詩」眇邈，人世難詳。推其文體，固是炎漢之製，非衰周之倡也。自王、楊、枚、馬之徒，詞賦競爽，而吟詠靡聞。從李都尉迄班婕妤，將百年間，有婦人焉，一人而已。詩人之風，頓已缺喪。東京二百載中。〔，〕惟有班固〈詠史〉，質木無文。降及建安，曹公父子，篤好斯文；平原兄弟，鬱為文棟；劉楨、王粲，為其羽翼。次有攀龍托鳳，自致於屬車者，蓋將百計。彬彬之盛，大備於時矣。爾後陵遲衰微，迄于有晉。太康中，三張、二陸、兩潘、一左，勃爾復興，踵武前王，風流未沫，亦文章之中興也。永嘉時，貴黃、老，稍尚虛談。于時篇什，理過其辭，淡乎寡味。爰及江表，微波尚傳：孫綽、許詢、桓、庾諸公詩，皆平典似《道德論》。建安風力盡矣。先是郭景純用雋上之才，變創其體；劉越石仗清剛之氣，贊成厥美。然彼眾我寡，未能動俗。逮義熙中，謝益壽斐然繼作。元嘉初，有謝靈運，才高辭盛，富豔難蹤，固已含跨劉、郭，陵轢潘、左。故知陳思為建安之傑，公幹、仲宣為輔；陸機為太康之英，安仁、景陽為輔；謝客為元嘉之雄，顏延年為輔。斯皆五言之冠冕，文詞之命世也。（《詩品·序》）

故詩有六義焉：一曰興，二曰比，三曰賦。……弘斯三義，酌而用之，幹之以風力，潤之以丹彩，使詠之

者無極，聞之者動心，是詩之至也。(《詩品·序》)

宋徵士陶潛詩：其源出於應璩，又協左思風力。文體
省靜，殆無長語。篤意真古，辭興婉愜。每觀其文，
想其人德。世歎其質直。至如「歡言酌春酒」、「日暮
天無雲」，風華清靡，豈直為田家語耶？古今隱逸詩人
之宗也。(《詩品·中》)[27]

　　鍾嶸主張以風力為骨幹，以丹彩潤色之。就這比喻看，風
力是主要的，何況他又在批評「孫綽、許詢、桓、庾」的詩風
後，似乎無比惋惜地說，「建安風力盡矣」。不過仔細考慮以上
由漢至宋詩道興廢的敘述，我們實在不宜過份強調《詩品》對建
安風力的推崇。

　　在鍾嶸筆下，建安的確是五言詩第一次興盛的時代，但他
不像後世的崇古論者，把文學的變化理解為不斷退步的過程，[28]
他的詩歌史圖式毋寧是波浪形的，其發展動力則是對平淡乏味

27　曹旭《詩品集注》(上海：上海古籍出版社，1994年)，頁8-28、39、260。
　　「建安風力盡矣」，《梁書·鍾嶸傳》、《古今圖書集成》、《全梁文》作「建安
　　之風盡矣」，曹旭在「校異」說：「或疑是。」(頁24) 但「集注」仍作「建安風
　　力」解。考《隋書·經籍志》(北京：中華書局，1973年)「集部總序」：「永
　　嘉已後，玄風既扇，辭多平淡，文寡風力。」(頁1090) 似化用《詩品·序》，
　　故原文作「風力」較為可能，「建安之風」殆沿上文「詩人之風」而致訛。

28　例如下文要提到的嚴羽《滄浪詩話》和很多宋以後的詩話作者，都主張一
　　代不如一代。Bruce E. Brooks認為鍾嶸也是這樣的崇古論者，實為誤解，見
　　"Geometry of the *Shi pin*," in Tse-tsung Chow, ed., *Wen-Lin* (文林), vol. 1 (2nd
　　ed.; Hong Kong: The Chinese University Press, 2001), pp. 141-145；又此文有張
　　伯偉的中譯，題為〈《詩品》解析〉，載莫礪鋒 (編)：《神女的探尋》(上海：
　　上海古籍出版社，1994年)，頁240-270；有關段落見頁259-263。

詩風的克服。《詩品》正文把《古詩》、李陵、班婕妤列為上品，但在敍述詩風隆替時只簡略帶過，反而特意提了一筆班固的「質木無文」，由此襯托出來的建安高峰，其相反的特質就不言而喻了。建安之後的「陵遲衰微」和三張、二陸等人的「勃爾復興」，鍾嶸都沒有交代以甚麼標準來衡量，但參照上下文意思仍是很清楚的。由永嘉到江表是詩道淪喪時期，[29] 其致命缺點在於「淡乎寡味」、「平典」。在低潮裏不是沒有力求補偏救弊者，郭璞（景純）、劉琨（越石）、謝混（益壽）就是鍾嶸相當重視的三人。

　　學者大都同意鍾嶸最推崇的作者是曹植，《詩品》中只有他兼具眾美：「骨氣奇高，辭彩華茂。情兼雅怨，體被文質。」[30]「骨氣」和「辭彩」對舉，應該就是「風力」和「丹彩」的同義詞。曹植以下的詩人，最高者也只能偏有其一，例如劉楨長於風力，但丹彩未足：「仗氣愛奇，動多振絕。貞骨凌霜，高風跨俗。但氣過其文，雕潤恨少。」相反的是王粲：「發愀愴之詞，文秀而質羸。」[31] 至於郭璞、劉琨、謝混三人，劉琨顯然偏於風力，謝

29　永嘉是晉懷帝年號，由公元307年至313年。江表即江南，謂東晉。孫綽、許詢、桓溫、庾亮都是東晉人。曹旭《詩品集注》謂一説桓、庾是桓偉、庾友、庾蘊（頁26）。

30　下文更説：「粲溢今古，卓爾不群。嗟乎！陳思之於文章也，譬人倫之有周、孔，鱗羽之有龍鳳，音樂之有琴笙，女工之有黼黻。俾爾懷鉛吮墨者，抱篇章而景慕，映餘暉以自燭。故孔氏之門如用詩，則公幹升堂，思王入室，景陽、潘、陸，自可坐於廊廡之間矣。」見《詩品集注》頁97-98。即使《古詩》、李陵、班婕妤，也沒有得到這樣毫無保留的讚美。

31　《詩品集注》，頁110、117。

混則以丹彩較勝，郭璞似乎也近於丹彩一路。[32] 他們都屬中品。最值得注意的是謝靈運，《詩品·序》説他「才高辭盛，富豔難蹤」，正文評他「繁富」、「名章迥句，處處間起；麗曲新聲，絡繹奔發」，[33] 固是以辭彩得名，其成就更在劉、郭、潘、左之上，這就表明挽救平淡之弊的，既可以憑風力，也不妨藉丹彩，事實上《詩品》中後者遠多於前者。[34]

再看鍾嶸對詩人的具體評價。劉楨和劉琨同以風力見稱，前者居於上品，後者只屬中品，丹彩偏勝的作者更是三品俱有，可見鍾嶸並不是機械地以一種質素的有無來判斷詩人高下。有些論者認為，在只能取其一時，鍾嶸更重視「風力」、「骨氣」，所以「自陳思以下，楨稱獨步」。[35] 但劉琨的例子又怎

32　《詩品·中》「晉太尉劉琨」條云：「善為悽戾之詞，自有清拔之氣。琨既體良才，又罹厄運，故善敍喪亂，多感恨之詞。」《詩品·中》「宋豫章太守謝瞻、晉僕射謝混」等條云：「才力苦弱，故務其清淺。殊得風流媚趣。課其實錄，則豫章、僕射，宜分庭抗禮。」又《詩品·下》「晉東陽太守殷仲文」條云：「晉、宋之際，殆無詩乎？義熙中，以謝益壽、殷仲文為華綺之冠，殷不競矣。」《詩品·中》「晉弘農太守郭璞」條云：「憲章潘岳，文體相暉，彪炳可玩。始變中原平淡之體，故稱中興第一，《翰林》以為詩首。」見《詩品集注》頁241、277、394、247。

33　《詩品集注》，頁160。

34　以上品為例，王粲、陸機、潘岳、張協、謝靈運都偏向丹彩，劉楨、左思偏向風力。曹植當然是兩者兼備。評語沒有具體説明的有《古詩》、李陵、班婕妤、阮籍。周振甫〈釋「建安風骨」〉説：「謝靈運超過劉琨、郭璞，壓倒潘岳、左思自然也有建安風力了。」（頁433）但他沒有舉出《詩品》哪些文句説明了郭璞、謝靈運有建安風力。

35　《詩品集注·前言》，頁17。「陳思以下」云云是《詩品》對劉楨的評語（頁110）。

樣解釋呢？[36] 同時，有些風力不足的詩人卻因為丹彩而獲得稱
許。[37] 更值得深思的是陶潛，他挾有左思風力，[38] 得居中品卻是
因為幾首「風華清靡」的詩作。[39] 或會有人認為，評語說「世歎
其質直」，正表示鍾嶸不同意流俗的見解。不過肯定是鍾嶸個人
評價的「篤意真古」，也並非很高的稱美之詞。在《詩品》裏，舉
凡以「古」來描述的，都是中品、下品詩人，尤以下品為多。陶
潛源出於應璩，應璩也屬中品，他得到的評語是：「祖襲魏文。
善為古語，指事殷勤，雅意深篤，得詩人激刺之旨。至於『濟濟
今日所』，華靡可諷味焉。」[40] 我們留意到，曹丕、應璩、陶潛一
脈相傳，他們的特點，或者說缺點，就是欠缺文彩（鄙質、古），
幸而他們還有另一些富於藻飾的作品，才得以晉升到現在的品
第。至於以下僅有「古」這一種特點的詩人，就只能居於下品了：

魏武帝：曹公古直，甚有悲涼之句。

36　此外，虞義和王中等也當屬於風力一類，但都歸入下品：「子陽〔虞義〕
　　詩，奇句清拔，謝朓常嗟頌之。」「王中、二卞〔卞彬、卞鑠〕，並愛奇嶄
　　絕。慕袁彥伯之風。雖不弘綽，而文體勦淨，去平美遠矣」。見《詩品集
　　注》，頁471、459。

37　例如謝混「務其清淺」，但《詩品·序》仍肯定他「斐然繼作」之功。

38　左思又源出於劉楨。

39　陶潛的評語和曹丕的評語結構非常相似：「新歌百許篇，率皆鄙直如偶語。
　　唯『西北有浮雲』十餘首，殊美贍可玩，始見其工矣。不然，何以銓衡群
　　彥，對揚厥弟者耶？」（《詩品集注》頁202）曹丕也是因為十餘首「美贍可玩」
　　的詩作，才能夠列入中品。古直《鍾記室詩品箋》（臺北：廣文書局，1977
　　年）據《太平御覽》引鍾嶸《詩評》佚文，認為陶潛本在上品（頁23）。但許
　　文雨《鍾嶸詩品講疏》（成都：成都古籍書店，1983年）已辨其非（頁85-86）。

40　《詩品集注》，頁231。

> 魏倉曹屬阮瑀、晉頓丘太守歐陽建等：元瑜〔阮瑀〕、
> 堅石〔歐陽建〕七君詩，並平典不失古體。

> 宋征北將軍張永：張景雲雖謝文體，頗有古意。

> 齊雍州刺史張欣泰、梁中書郎范縝：欣泰、子真〔范
> 縝〕，並希古勝文。鄙薄俗製，賞心流亮，不失雅宗。[41]

特別是阮瑀等的「不失古體」與「平典」連繫，而「平典」在前引
《詩品·序》中是永嘉、江表玄言詩的嚴重缺點，那麼「古」在鍾
嶸心目中的地位決不像宋人及以後者那麼高，就可想而知了。[42]

　　經過上面的分析，我們發現，把風力和丹彩這一對概念放
在鍾嶸反平淡詩觀的脈絡裏考察，[43]它們實際的關係遠非「風力
為主，丹彩為輔」所能概括，而兩者對奠定某一詩人的成就顯然
都有其作用，可惜鍾嶸並沒有更具體的說明。因此我們最好把
「建安風力盡矣」看成純粹的描述——根據鍾嶸的觀察，建安詩
和後世的詩比較，更富於風力。但也僅是如此，他沒有像某些
論者所認為的，「提倡『建安風力』，並把它作為五言詩所應達到

41　同上注，頁362、370、428、465。

42　曹旭《詩品集注》說：「『篤意真古』、『辭興婉愜』各言其人品與詩品也。『篤
　　意真古』謂其襟抱情懷，『辭興婉愜』謂其詩多興會。」（頁266）但鍾嶸無從
　　直接了解陶潛的為人，所謂「襟抱情懷」仍是閱讀陶詩的印象。所以陶潛和
　　其他評語的「古」字，意思是一致的。另外，還可以比較謝靈運評語中的
　　「新」字：「麗曲新聲，絡繹奔發。」

43　鍾嶸反對的還有聲律論和大量用典，但據他的說法，這是大明、泰始年間
　　（宋孝武帝、宋明帝年號）的風氣，在玄言之弊的時代後，與本節所論關係
　　已遠，故不詳及。

的最高的美學標準」。[44] 曹植不是建安詩人的代表，他是歷代詩人的極致。曹植的超然地位源自骨氣、辭彩並善，後世詩人只要在其中一方面表現出色，就足以成為名家，建安作者中再沒有第二人能夠兼此兩美。把「風力」片面拔高，對鍾嶸來說是抹煞了曹植一半的優點，也無法解釋為甚麼三張二陸、郭璞、謝混、謝靈運都算是復興詩道的功臣，以及鍾嶸對許多作者的具體評價。

（三）陳子昂「漢魏風骨」

很多論者都説陳子昂是鍾嶸以後，提倡「建安風骨」的重要人物，他們徵引的毫無例外是以下的〈修竹篇序〉：

> 東方公足下：文章道弊五百年矣。漢魏風骨，晉宋莫傳。然而文獻有可徵者。僕嘗暇時觀齊梁間詩，彩麗競繁，而興寄都絕，每以永歎，思古人常恐逶迤頹靡，風雅不作，以耿耿也。一昨於解三處見明公詠孤桐篇，骨氣端翔，音情頓挫，光英朗練，有金石聲。遂用洗心飾視，發揮幽鬱。不圖正始之音，復睹於茲，可使建安作者相視而笑。解君云：張茂先、何敬祖，東方生與其比肩。僕亦以為知言也。故感歎雅製，作〈修竹詩〉一篇。當有知音，以傳示之。[45]

44　張少康：〈論鍾嶸的文學思想〉，載《古典文藝文學論稿》，頁316。

45　徐鵬（校）：《陳子昂集》（北京：中華書局，1960年），頁15。原書用圈點，引文沿用其斷句，改為新式標點符號。

此文開始時就出現了「漢魏風骨」，論者認為即「建安風骨」，但序文馬上按下「風骨」不表，轉而說到近世詩人失去「興寄」的可悲，接着又讚美東方生的〈孤松篇〉富於「風骨」，卻沒有交代它有沒有興寄。那麼〈修竹篇序〉究竟標舉了一個還是兩個概念呢？為甚麼文意會這樣斷裂？王運熙說，「興寄和骨氣二者相結合，就能使詩歌創作在思想上、藝術上達到完美的統一」，因此陳子昂提出的是兩個標準。羅宗強《隋唐五代文學思想史》也把〈修竹篇序〉的主張分為「興寄說」和「風骨說」來闡釋。[46] 但是只憑「彩麗競繁，興寄都絕」八字，就能夠說清楚陳子昂的「興寄」概念嗎？至於「風骨」概念，因為有「骨氣端翔」等四句話可供援引，很容易和《文心雕龍》中類似的文句聯繫，「漢魏風骨」屬於「建安風骨」術語系列，似乎無須懷疑了。

　　張可禮連綴「建安風骨」系列術語，乾脆略過興寄，集中詮釋風骨：「陳子昂講『漢魏風骨』，主要是強調『骨氣端翔』。所謂『端』，主要指語言端直精煉；所謂『翔』，主要指有凌空翱翔的氣勢和力量。詩歌創作如果能夠做到『骨氣端翔』，自然就會產生『音情頓挫，光英朗練』的藝術效果。」[47] 張氏把「端翔」兩字分開解釋，「端」解作「端直」即使說得過去，但把「翔」解作「凌空翱翔的氣勢和力量」，未免攙入太多額外的意思了。《文心

46　〈從《文心雕龍‧風骨》談到建安風骨〉，頁184；《隋唐五代文學思想史》（北京：中華書局，1999年），頁64-67。

47　〈如何理解「建安風骨」?〉，頁285。

雕龍‧風骨》篇有「結言端直，則文骨成焉」之語，[48] 又以禽鳥飛翔比喻風骨與采的關係，張氏暗中援引〈風骨〉篇來解釋〈修竹篇序〉，其意圖乃是令讀者得到兩文一脈相傳的印象。[49] 此外，序中「骨氣端翔」四句，張氏把它們理解為一主三賓，突出了「骨氣」的地位。但從原文看來，「骨氣端翔，音情頓挫」是對偶句，張氏的解法會不會忽略了「音情」？

　　《漢語大詞典》把「端翔」釋為「剛直而高貴」，僅有〈修竹篇序〉一條書證。[50] 這一訓釋大概只是編者以意解之，並不可信，因為〈修竹篇序〉的語意根本沒有涉及「高貴」。「端翔」當是「端詳」的另一種寫法，[51]《周書‧寇儁傳》：「年齒雖邁，而志識未衰，……容止端詳，音韻清朗。帝與之談論，不覺屢為前膝。」[52]「端詳」《漢語大詞典》解作「端正安詳」，[53] 也沒有列出依

48　《文心雕龍註》，頁513。

49　羅宗強則較為坦白，他說：「骨指詩歌應該有一種勁健剛直的思想力量，故言『端』，『端』者，端直，劉勰有言：『結言端直，則文骨成焉。』（《文心雕龍‧風骨》）意類此。氣，指詩歌應有一種濃烈昂揚的感情力量，故言『翔』，『翔』者，高揚俊爽，劉勰又言：『意氣俊爽，則文風生焉。』（《文心雕龍‧風骨》）意亦近此。可知『骨氣』，實指風骨而言。」見《隋唐五代文學思想史》，頁67。羅氏由「飛翔」聯想到「高揚」，再聯想到「俊爽」，藉此把〈修竹篇序〉和〈風骨〉篇連繫起來，與張可禮用心一致。但他們運用的具體辦法不同，適足以顯示這種連繫的主觀。

50　《漢語大詞典》（上海：漢語大詞典出版社，1991年），第8冊，頁400。

51　《漢書》（北京：中華書局，1962年）〈西域傳〉：「其土地山川王侯戶數道里遠近翔實矣」，顏師古注：「翔與詳同，假借用耳。」（頁3874-3875）

52　《周書》（北京：中華書局，1971年），頁659。這段話又見《北史》（北京：中華書局，1974年），頁993。

53　《漢語大詞典》，第8冊，頁400。

據，但從《周書》原文看來，這一解釋大致合理。〈修竹篇序〉「骨氣」和「音情」對舉，《周書》則「容止」和「音韻」並言。「骨氣」本是人物評鑑的用語，[54] 與「容止」同一範疇，「端正安詳」之解移用於〈修竹篇序〉似無不妥。如果説《詩品》的「風力」指「仗氣愛奇，動多振絕」、「清剛之氣」，帶有遒壯的意味，則〈修竹篇序〉的「骨氣端翔」乃是雅正的風格，兩者並不相侔。

再看〈修竹篇序〉的下文，「不圖正始之音，復睹於茲。可使建安作者，相視而笑」，明明是以正始之音比喻東方生原作，「建安作者」云云只是陪襯，論者卻把前文「漢魏風骨」屬諸建安，置正始於不顧，如果不是預先假定了「漢魏風骨」即「建安風骨」，又怎會這樣説呢？正始詩人以阮籍、嵇康最著，《文心雕龍·明詩》篇説：「乃正始明道，詩雜仙心，何晏之徒，率多浮淺。唯嵇志清峻，阮旨遙深，故能標焉。」據《詩品》，阮氏〈詠懷〉之作，「言在耳目之內，情寄八方之表」，嵇詩則「託諭清遠，良有鑑裁」。阮、嵇的特點，在於寓意——亦即「興寄」——深遠，這大抵就是〈修竹篇序〉「正始之音」的內涵。陳子昂的代表作〈感遇詩〉，皎然認為「出自阮公〈詠懷〉」，[55] 可見他的創作實踐和理論主張是一致的。

54　例如《晉書》(北京：中華書局，1974年)〈阮裕傳〉：「人云，裕骨氣不及逸少，簡秀不如真長，韶潤不如仲祖，思致不如殷浩，而兼有諸人之美。」(頁1368)

55　《文心雕龍註》，頁67；《詩品集注》，頁123、210；李壯鷹：《詩式校注》(濟南：齊魯書社，1986年)，頁162。

　　綜合以上多角度的分析，我們可以判斷，〈修竹篇序〉提出
的只是一個概念，陳子昂心目中的漢魏風骨，其核心內涵就是
「興寄」。有學者認為，陳子昂首創「將詩歌史分為漢魏以上、漢
魏以下兩截的觀點」。[56] 漢魏和晉宋梁齊的分別，在陳氏看來即
在於有無興寄，內容上有興寄的作品，自能表現出「骨氣端翔，
音情頓挫。光英朗練，有金石聲」的風貌。只要我們不勉強把陳
子昂的「漢魏風骨」和劉勰的「風骨」、鍾嶸的「建安風力」混為
一談，〈修竹篇序〉的意思其實是非常連貫的。

　　當然，陳子昂用興寄來區分漢魏和晉宋齊梁詩，以及對興
寄和表現關係的看法，這些觀點後人未必認可。陳子昂說他同
意解三用張華（茂先）、何劭（敬祖）和東方生相比，張、何都是
晉代詩人，這不是自行否定了「漢魏風骨，晉宋莫傳」、「齊梁間
詩，彩麗競繁，而興寄都絕」嗎？[57] 但不適當的例子卻正好為本
文的論點提供了有力支持：如果「漢魏風骨」即「建安風力」，「風
雲氣少」的張華又怎能得到陳子昂的肯定呢？[58]

56　王運熙、楊明：《中國文學批評通史·隋唐五代卷》（上海：上海古籍出版
　　社，1994年），頁116。又，葛曉音〈論南北朝隋唐文人對建安前後文風演
　　變的不同評價——從李白《古風》其一談起〉（載葛曉音：《漢唐文學的嬗變》
　　〔北京：北京大學出版社，1990年〕）也有相似的看法（頁47）。

57　所以鄧仕樑說陳子昂此文的「批評觀念頗模糊」，見〈「能研諸慮，何遠之有
　　哉」——《文心雕龍·風骨》九慮〉，頁161。周振甫〈建安風骨試論〉則為陳
　　氏辯解：「說晉宋的詩沒有風骨，是指晉宋兩代詩的風氣說的，這樣說，並
　　不排斥晉宋的個別作家的詩有風骨。」（頁428）

58　見《詩品集注》「晉司空張華詩」條評語，頁216。《文心雕龍·明詩》也「茂
　　先凝其清，景陽振其麗」，「五言流調，則清麗居宗」，張華詩當然不屬於風
　　力一路。見《文心雕龍註》，頁67。又何劭在《詩品》的中品，與陸雲、石

　　或者仍有人認為「風骨」一詞向來帶有剛勁有力的意味，不
能接受把興寄視為「漢魏風骨」的內涵。其實「風骨」歷來的用法
非常龐雜，上文已提出《文心雕龍・風骨》篇的「風骨」即沒有剛
健的含義，再看《魏書・祖瑩傳》：「瑩以文學見重，常語人云：
『文章須出自機杼，成一家風骨，何能共人同生活也。』」[59] 這裏
的「風骨」更是只能解作面目、風貌，與剛健緊迫絕對無關。既
然如此，陳子昂的「漢魏風骨」為甚麼非要有氣勢力量不可呢？

（四）李白「建安骨」

　　「建安骨」出自李白〈陪侍御叔華登樓歌〉，[60] 詩云：「棄我
去者昨日之日不可留，亂我心者今日之日多煩憂！長風萬里送
秋雁，對此可以酣高樓。蓬萊文章建安骨，中間小謝又清發。
俱懷逸興壯思飛，欲上青天覽明月。抽刀斷水水更流，舉杯消
愁愁更愁。人生在世不稱意，明朝散髮弄扁舟。」[61]「建安骨」和
「建安風骨」只有一字之差，距離概念正式面世僅半步之遙，論

　　　崇、曹攄同條，並無描述風格的評語，曹旭《詩品集注》說：「張華〈答何
　　　劭〉譽劭詩『穆如灑清風，奐若春華敷。』則『清風』、『春華』，何劭詩之定
　　　評也。……四子當以風格相類，故居一條，且以合評也。」（頁239）

59　《魏書》（北京：中華書局，1974年），頁1800。同一段文字又見《北史》，頁
　　　1736。

60　此詩一般選本，甚至李白專集，多題為〈宣州謝朓樓餞別校書叔雲〉，但詩
　　　中實無餞別的意思，當從《文苑英華》作〈陪侍御叔華登樓歌〉。見詹鍈：
　　　〈《宣州謝朓樓餞別校書叔雲》應是《陪侍御叔華登樓歌》〉，載李白研究學
　　　會（編）：《李白研究論叢（第二輯）》（成都：巴蜀書社，1990年），頁171-180。

61　詹鍈（主編）：《李白全集校注彙釋集評》（天津：百花文藝出版社，1996
　　　年），頁2566-2567。

者對此詩的雀躍不是沒有道理的。可是此詩除了僅僅顯示李白對建安文學的讚賞外，「建安骨」的內涵是極不清晰的。更麻煩的是，李白在另一首詩〈古風〉其一裏，對建安文學表現出截然相反的態度。我們不妨由這首詩說起：

> 大雅久不作，吾衰竟誰陳？王風委蔓草，戰國多荊榛。龍虎相啖食，兵戈逮狂秦。正聲何微茫！哀怨起騷人。揚馬激頹波，開流蕩無垠，廢興雖萬變，憲章亦已淪，自從建安來，綺麗不足珍。聖代復元古，垂衣貴清真。群才屬休明，乘運共躍鱗。文質相炳煥，眾星羅秋旻。我志在刪述，重〔案：一本作「垂」〕輝映千春。希聖如有立，絕筆於獲麟。[62]

同一李白卻對建安文學的看法如此不同，這矛盾怎樣解決呢？[63]裴斐認為，「詩中對《詩經》以後歷代製作之貶抑，與平時言論亦多不相合。竊疑此詩當屬早期『大言』之作」。[64]但〈古風〉其一無法編年，[65]裴氏的看法只能算是猜測。周振甫、王巍等則試圖並存兩說：「李白對建安文學是一分為二的，既肯定建安骨，

62　同注 61，頁19-24。

63　沈德潛《唐詩別裁集》（乾隆二十八年教忠堂重訂本〔香港：中華書局影印，1977年港1版〕）在本詩後有案語：「『不足珍』謂建安以後也。〈謝朓樓餞別〉云：『蓬萊文章建安骨』一語可證。」（頁23）林文月〈蓬萊文章建安骨〉也認為兩詩意見一致（頁1、51）。這種看法本文不能接受，詳見下文。

64　裴斐：〈李白與歷史人物〉，原刊《文學遺產》1990年第3期；轉引自《李白全集校注彙釋集評》，頁29。

又認為建安綺麗是不足珍的。」[66] 這也不能成立。因為〈古風〉以
〈大雅〉、〈王風〉的「雅正」為標準，對屈原以下，直至唐代之前
的文學，都是一筆抹煞的：《楚辭》並非「正聲」；揚雄、司馬相
如只是激盪頹波，適足以誤導來者；至於建安及以後，其綺麗
文風更是毫不值得珍重。這裏的綺麗和雅正相對，是李白對建
安至六朝整體文學面貌的概括，因此「一分為二」地理解是不能
令人入信的。[67]

　　根據葛曉音的分析，南北朝至唐初文人，對於建安前後文
風變化的看法，有三種意見：一是肯定建安文學的華麗上承東
漢，下啟兩晉；二是將漢魏文風等同西晉，並把屈原以至南北
朝文學都歸入浮華一路，從而全面否定之；三是指出建安文學
風力壯偉文質並茂的特點，明確地將建安與兩漢、晉宋文風區

65　閻奇等《李白全集編年注釋》（成都：巴蜀書社，1990年）把此詩繫於天寶九
　　載（750）下，「詩云『吾衰』，當為晚年之作。其云『我志在刪述，垂輝映千
　　春』，亦猶上篇〔案：指《雪讒贈友人》〕『立言』之意，因並繫於五十歲之
　　年。」（頁941）然而「吾衰」及「刪述」顯然都是用孔子的典故，前者見《論
　　語·述而》：「子曰：甚矣吾衰也，久矣吾不復夢見周公。」後者見同篇：
　　「子曰：述而不作，信而好古，竊比於我老彭。」及《史記·孔子世家》：「古
　　者《詩》三千餘篇，及至孔子，去其重，取可施於禮義，上采契后稷，中
　　述殷周之盛。」見《十三經注疏》，頁2481；《史記》（北京：中華書局，1959
　　年），頁1936。「吾衰」、「刪述」是否指實際的年齡仍有商榷餘地，繫於五十
　　歲之年，更是權宜的處理。

66　周振甫：〈釋「建安風骨」〉，頁436。王巍《建安文學概論》則說：「李白對
　　建安文學不完全是肯定的，……至少可以說『建安骨』不包括建安文學注重
　　辭采這一點。」（頁21-22）

67　又因為由屈原至六朝都在批評之列，中間的建安居然得到肯定，也是不可
　　能的，所以沈德潛和林文月的看法似難成立。

別開來。李白既讚美屈原、「建安骨」，以至南朝某些作家如謝朓等，但〈古風〉其一又把他們全體抹煞，葛曉音認為：

> 李白只是兼收並蓄了他的前人評價歷代文風的兩派意見，並沒有完善地解決二者之間的矛盾。……如果硬要統一李白詩論中的這些矛盾，那麼我們只能說他既肯定屈原的高度成就，又認為他的哀怨不屬於大雅正聲；既提倡建安風骨，又反對自建安導源的綺麗文風；既從總體上反對六朝文風，又肯定其中某些作家。這裏既有對事物的兩面認識，也包含著未經消化的傳統偏見。[68]

我們或者還可以補充，這些「詩論」各有不同的寫作情境，有些似乎是在應酬場合的即興抒發，有些則較為嚴謹認真，一體視之恐怕未必恰當。

回頭再看所謂李白提倡的「建安骨」到底是甚麼一回事。關鍵是中間四句。「蓬萊文章建安骨」王琦注：「《後漢書‧竇章傳》：是時學者稱東觀為老氏藏室，道家蓬萊山。章懷太子註：言東觀經籍多也。蓬萊，海中神山，為仙府，幽經秘錄並皆在焉。東漢建安之末，有孔融、王粲、陳琳、徐幹、劉楨、應瑒、阮瑀及曹氏父子所作之詩，世謂之『建安體』。風骨遒上，

68　〈論南北朝隋唐文人對建安前後文風演變的不同評價〉，頁49。

最饒古氣。」[69] 這只是字面意義，至於在詩中的用意，唐汝詢《唐詩解》說：「子校書蓬萊宮，所構之文有建安風骨；我若小謝，亦清發多奇，此皆飛騰超拔者也。」[70] 即「蓬萊」句指李雲，[71]「中間」句自指。詹鍈則認為此二句是李白叔姪二人在樓上論文的內容，「俱懷」兩句一般解釋為對謝朓詩風的描述，其實應該是二人「在酒酣耳熱之際，細論漢魏六朝名家詩文，而陶醉於其中，於是逸興湍發，壯思飛躍，直欲上九天攬明月，有擺脫塵世，一逞胸中豪氣之感」。[72]

王巍卻把「逸興壯思飛」看成「建安骨」的內涵：

> 李白在這裏同樣沒有論述甚麼是「建安骨」，但他認為李雲文章，謝朓的詩所以具有建安骨，是因為具有「逸興壯思飛」的特點，那麼顯然，「逸興壯思飛」便是李白講的「建安骨」的重要內容了。逸興，是指超逸奔放的意興。壯思，是指感情豪壯雄健。由於「逸興壯思」，故能飛上青天。可見，李白是在讚美建安骨。[73]

因為李白詩中原有「俱懷」二字，語意上的施動者必須包括最少

69　王琦（注）：《李太白全集》（北京：中華書局，1977年），頁861。

70　轉引自《李白全集校注彙釋集評》，頁2571。

71　但此詩正確的題目為〈陪侍御叔華登樓歌〉，則校書蓬萊宮的說法當有問題。

72　〈《宣州謝朓樓餞別校書叔雲》應是《陪侍御叔華登樓歌》〉，頁174-176。

73　《建安文學概論》，頁21。張可禮〈如何理解「建安風骨」?〉也有類似的說法（頁287）。

兩個人或兩件事情，不能僅指上句，所以連帶謝朓的詩也要有「建安骨」。[74] 不過李白明明是以「清發」形容謝詩的，「清發」和「建安骨」是同一回事嗎？如果像一些論者那樣，把「清發」解作清真自然，並說：「風清骨峻與清真自然二者的內涵是互相溝通的，它們都要求作品具有比較樸素自然的風貌。」[75] 概念的界域就蕩然無存了。

　　詹鍈不把「逸興壯思」云云解作文學風貌實為恰當，至於該句究竟是指李白二人高談闊論的歡暢心情，還是像《文心雕龍·明詩》「縱轡以騁節」、「望路而爭驅」等句，用鮮明的比喻來形容文人才士輩出的時代，卻仍然是可以討論的。如果「逸興」兩句並非文學風貌的描述，〈陪侍御叔華登樓歌〉就再沒有關於「建安骨」內涵的消息了。我們只知道李白在某一場合曾肯定建安文學的某一特點，他同時也讚美了「蓬萊文章」和「小謝清發」，這種態度究竟能不能說成大力提倡「建安風骨」，大概是不言而喻的了。

（五）嚴羽「建安風骨」

　　「建安風骨」正式出現於嚴羽《滄浪詩話》，因此雖然書中只用了一次，仍深受論者重視。《滄浪詩話·詩評》云：「黃初之

74　周振甫〈釋「建安風骨」〉說：「這裏講的『建安骨』，指有『逸興壯思飛』，要飛上青天的。……齊代謝朓的詩有建安骨，是壯思飛。」（頁435-436）
75　《中國文學批評通史·隋唐五代卷》，頁225。

後，惟阮籍〈詠懷〉之作，極為高古，有建安風骨。」[76] 張可禮
說：

> 嚴羽講詩品，十分推崇「高古」。他把「高古」分別列
> 為第一品和第二品。他肯定阮籍的〈詠懷〉詩，並且認
> 為它有「建安風骨」，是因為它「極為高古」。足見嚴羽
> 是把「高古」作為「建安風骨」的主要內容。……所謂
> 「高」，指的是有些詩高邁有力；所謂「古」，指的是有
> 些詩歌古樸渾厚。就聯繫來說，所謂「高古」，不管是
> 高邁有力，還是古樸渾厚，都表現出「本色」的特點。
> ……看來從嚴羽講詩品方面來理解「建安風骨」，主要
> 指的是建安詩歌高壯古樸，渾然無跡，具有自然天成
> 的特點。[77]

《滄浪詩話・詩辨》的確說過「詩之品有九」，即：高、古、深、
遠、長、雄渾、飄逸、悲壯、淒婉，但沒有進一步解釋。[78] 不過
書中對建安詩的評論頗多，以下三條資料值得注意：

> 建安之作，全在氣象，不可尋枝摘葉。靈運之詩，已
> 是徹首尾成對句矣，是以不及建安也。

> 漢魏古詩，氣象混沌，難以句摘。

76　郭紹虞：《滄浪詩話校釋》（北京：人民文學出版社，1983年），頁155。
77　〈如何理解「建安風骨」？〉，頁289-290。
78　《滄浪詩話校釋》，頁7。

　　詩有詞理意興。南朝人尚詞而病於理；本朝人尚理而
病於意興；唐人尚意興而理在其中；漢魏之詩，詞理
意興，無跡可求。[79]

《滄浪詩話》合漢魏為一期，所以論漢魏古詩之語也適用於建安
詩，[80] 而「不可尋枝摘葉」、「難以句摘」等，意思也大略相近。
綜合而言，嚴羽意中的漢魏詩當是樸素渾成一路，近於張可禮
「古」字之解，但「高邁有力」、「高壯」等字眼，則似乎用在九品
中的「雄渾」、「悲壯」更為相宜。

　　上面最後一條《滄浪詩話》的引文暗示漢魏詩猶在唐詩之
上，[81] 有趣的是，其中有「無跡可求」一語。同書另一段很多人
引用過的話也有這四字：「盛唐諸人惟在興趣，羚羊掛角，無
跡可求。故其妙處透徹玲瓏，不可湊泊，如空中之音，相中之
色，水中之月，鏡中之象，言有盡而意無窮。」[82] 很多學者認為
《滄浪詩話》以禪論詩，求妙悟，主神韻，其根據就是這幾句。
「建安風骨」論者卻沒有人循「無跡可求」的方向理解嚴羽的「建
安風骨」，箇中原因恐怕是「妙悟」、「神韻」與他們心目中帶有

79　三條都出自「詩評」，見《滄浪詩話校釋》頁158、151、148。

80　嚴氏這一觀點後人未必同意，如胡應麟《詩藪》即持異議，如：「嚴氏往往
　　漢、魏並稱，非篤論也。」見《詩藪》（上海：上海古籍出版社，1979年新1
　　版），〈內編〉卷二，頁32。

81　另一條表達得更清楚：「惟悟乃為當行，乃為本色。然悟有淺深，有分限，
　　有透徹之悟，有但得一知半解之悟。漢魏尚矣，不假悟也。謝靈運至盛唐
　　諸公，透徹之悟也；他雖有悟者，皆非第一義也。」（《滄浪詩話校釋》，頁12）

82　《滄浪詩話校釋》，頁26。

剛健意味的「風骨」，距離實在太遠了。[83] 由此可見，論者選擇某些文獻材料，排除另一些文獻材料，其實是早有成見在心的。

同樣因為先有「建安風骨」論述的成見，而曲解文獻材料的，還可以舉出以下例子。《滄浪詩話．詩辨》：「詩之法有五：曰體製，曰格力，曰氣象，曰興趣，曰音節。」[84] 顧易生等《中國文學批評通史——宋金元卷》說：

> 「格力」相當於格調和筆力，指充實於內而自然外溢的思想感情，通過雄壯的語言藝術來加以表現的特點。「格力」或「筆力」，主要指語言特色而言，他〔案：指嚴羽〕在具體評論作家作品時更多的是用「風骨」一詞來代替。唐詩人中，顧況聲名並不及元稹和白居易。但嚴羽認為顧況詩在元、白之上，因為前者「稍有盛唐風骨」。言下之意，是批評元、白詩歌缺乏「風骨」。又批評魏晉人詩云：「黃初之後，惟阮籍〈詠懷〉之作極為高古，有建安風骨。晉人捨陶淵明、阮嗣宗外，惟左太沖高出一時。陸士衡獨在諸公之下。」（以上引文

83 不過《滄浪詩話》以禪喻詩未必就是主張詩境如禪境，參考鄧仕樑：〈《滄浪詩話》試論〉，載鄧仕樑：《唐宋詩風——詩歌的傳統與新變》（臺北：中山學術文化基金會，1998年），頁159-212。鮑鈖《稗勺》云：「或問滄浪論詩羚羊掛角無跡可求之義。答曰：不踐起承轉合之跡則近是矣。」郭紹虞《滄浪詩話校釋》以為「此言固未必合滄浪意旨」（頁46），似乎否定得太輕率了。但即使「無跡可求」不朝「妙悟」、「神韻」方向理解，也很難和「剛健」拉上關係。

84 《滄浪詩話校釋》，頁7。

均見〈詩評〉) 以有「風骨」稱賞阮、陶及左思之詩。陸機詩雖然「才高詞贍,舉體華美」,被鍾嶸譽為「太康之英」(《詩品序》);但嚴羽評價與鍾嶸重藻飾的六朝標準不同,他因陸機詩缺乏風骨而置之「諸公之下」。時代審美標準的改變,使鍾、嚴得出相反的結論。嚴羽「風骨」,有其特定的美學內容,如王運熙指出,是「思想感情表現得鮮明爽朗,語言遒勁有力所形成的明朗剛健的風格」。從嚴羽推重風骨,可看出他要求「格力雄壯」主張的具體內容。[85]

首先需要指出,「格力」的意思在《滄浪詩話》原文中未有繼續申述,原書也只一見,說「風骨」用得「更多」,也不過用了兩次,其一「建安風骨」上文已引,其二「盛唐風骨」原文如下:「顧況詩多在元白之上,稍有盛唐風骨處。」據郭紹虞此條不見於年代最早的明正德本,而從《詩人玉屑》補入。[86] 即使承認這是嚴氏原文,但又怎見得「盛唐風骨」就是「建安風骨」?如果兩者相同,為甚麼原文不直接說「稍有建安風骨」或「稍有風骨」?又,「建安風骨」條,「晉人捨陶淵明、阮嗣宗外」以下,《歷代詩話》本另作一條,[87] 因此嚴羽對陶潛、阮籍、左思、陸機的評論,究

85　顧易生等:《中國文學批評通史──宋金元卷》(上海:上海古籍出版社,1996年),頁395。

86　《滄浪詩話校釋》,頁161。

87　同上注,頁155。

竟和「風骨」有沒有關係，仍須存疑。

　　既然「風骨」在《滄浪詩話》裏只用過兩次，在兩段文字裏又都不能確鑿地理解為「明朗剛健的風格」，如果不是先存有「建安風骨」概念一脈相傳的成見，又怎會倉卒地把「格力」和「風骨」視為一體，從而得到嚴羽主張「格力雄壯」的結論？[88]

（六）次要術語舉隅

　　「建安風骨」論述的五個主要術語已見於上，還有一些文獻材料論者多以節錄詞句的方式順筆帶過，藉以呈現出「建安風骨」為歷代推崇的印象，但覆檢原文，這些資料往往應作另外的理解，摘要説明如下。

　　梁裴子野〈雕蟲論〉云：「其五言為家，則蘇、李自出，曹、劉偉其風力，潘、陸固其枝葉。」這裏裴氏以「風力」描述曹丕、劉楨的五言詩，大概和鍾嶸的「建安風力」同義。但必須注意，裴子野對《楚辭》以降的詩賦都是不以為然的，一概斥為「隨聲

88　《中國文學批評通史——宋金元卷》在引文之末還有兩句：「他〔案：指嚴羽〕在〈答吳景仙書〉中讚美盛唐之音『筆力雄壯』，當也是同一意思。」（頁395）這也有問題。〈答吳景仙書〉原文説：「又謂：盛唐之詩，雄深雅健。僕謂此四字，但可評文，於詩則用健字不得。不若〈詩辨〉雄渾悲壯之語，為得詩之體也。」（《滄浪詩話校釋‧附錄》，頁252）所謂〈詩辨〉是指「詩之品有九」一條，雄渾、悲壯是其中二品。吳景仙原信失傳，不知道原來怎樣説，但《滄浪詩話》中從沒有説唐詩只有雄渾、悲壯二品，反而在讚美李白、杜甫時説前者飄逸，後者沉鬱（《滄浪詩話校釋》，頁168），飄逸顯然不在雄渾、悲壯之中。嚴羽只是針對吳景仙所用的「健」字，而不是説唐詩只有「雄渾悲壯」的風格。

逐影之儔，棄指歸而無執」，[89] 因此這段話完全沒有表揚建安詩的意味，本是不能納入「建安風骨」論述的。[90]

　　李善〈上《文選注》表〉云：「楚國詞人，御蘭芬於絕代；漢朝才子，綜鼇悅於遙年。虛玄流正始之音，氣質馳建安之體。長離北度，騰雅詠於圭陰；化龍東鶩，煽風流於江左。」[91] 此語當本自沈約《宋書・謝靈運傳論》：「相如巧為形似之言，班固長於情理之說，子建、仲宣以氣質為體，並標能擅美，獨映當時，是以一世之士，各相慕習。」[92]《文選》六臣注中的劉良說：「氣質，謂有力也。」[93] 如按此注，「建安氣質」也即遒壯之謂。自鍾嶸以下用「有力」來形容建安詩的所在多有，本文從不反對這種判斷，但同樣要注意的是沈、李兼容並蓄的態度，「建安氣質」和「形似之言」、「虛玄」的「正始之音」，甚至「江左風流」，都得到同樣的尊重，因此這兩段文字並無特別標榜建安文學的

89　郭紹虞（主編）：《中國歷代文論選》（上海：上海古籍出版社，1980年），第1冊，頁324。

90　林文月〈蓬萊文章建安骨〉說：「六朝人士也曾經標出建安時期，視為文學寫作的一種典範」；在介紹劉勰、鍾嶸的主張後，林氏又引用裴子野的「曹、劉偉其風力」，並說：「可知唐代的二大詩人〔案：指陳子昂、李白〕思欲振興文學，重建風骨，而以建安時代做為其典範楷模，實在是其來有自的。」（頁2）似乎也有這種誤解。

91　蕭統（編）、李善（注）：《文選》（胡克家刻本〔北京：中華書局縮印，1977年〕），頁3。

92　《中國歷代文論選》，第1冊，頁215。

93　《六臣註文選》（文淵閣《四庫全書》本〔上海：上海古籍出版社影印，1987年〕），卷50，頁20（總頁1332）。《中國歷代文論選》的注釋則說：「氣質指個性修養。在於作家謂之氣質，形之作品謂之風格。曹植、王粲不同的氣質形成作品上不同的風格，所以說是『以氣質為體』。」（頁218）與劉良注不同。

意味。

　　唐人殷璠的《河嶽英靈集》似乎最接近「建安風骨」論述。該書卷首的〈論〉交代選詩標準:「璠今所集,頗異諸家,既閑新聲,復曉古體,文質半取,風騷兩挾,言氣骨則建安為傳,論宮商則太康不逮。將來秀士,無致深憾。」殷氏重視風骨,且以建安詩為風骨的典範,但他的標準仍是包容的(「文質半取,風騷兩挾」)。〈敍〉中指摘南朝詩「都無興象,但貴輕艷」,評論陶翰的詩則説:「歷代詞人,詩筆雙美者鮮矣。今陶生實謂兼之,〔。〕既多興象,復備風骨,三百年以前,方可論其體裁也。」[94] 可見「興象」也是一個重要的標準。

　　另外,王昌齡詩前的小引説:「元嘉以還,四百年內,曹、劉、陸、謝,風骨頓盡。頃有太原王昌齡、魯國儲光羲頗從厥跡。」[95] 從引文看來,在殷璠心目中,除了曹植、劉楨外,陸機、謝靈運也是風骨的代表,這和鍾嶸大不相同。因此《河嶽英靈集》的「建安風骨」和《詩品》的「建安風力」有何異同,仍須仔細研究,不能簡單地以一貫視之。

三、「建安風骨」概念與文學史研究

　　上文説過,由「建安風骨」概念衍生出來的文學史論述,首

94　傅璇琮:《唐人選唐詩新編》(西安:陝西人民教育出版社,1996年),頁108、107、142。

95　同上注,頁182。

先假定了有一個歷代相沿的「建安風骨」概念，然後從以下三方面展開論題：(一)「建安風骨」的內涵；(二) 建安文學受到歷代推許是因為具有「建安風骨」；(三) 歷代文人以「建安風骨」的詩學理想糾正所處時代的文風。上述前設一直沒有經過嚴格的審查，反而獲得論者千方百計的保護，即使曲解文獻，也要維持它的神聖地位。其實論者未必意識到他們在為一個沒有經過充分驗證的論點辯護，因為在開始使用「建安風骨」概念時，他們已經不自覺地接受了這一設定，所有論述都建築在不證自明的基礎上。

本文把最重要的五個「建安風骨」術語放回它們原來的文理中考察，發現彼此差異極大。《文心雕龍》「風骨」是對普遍文學寫作的基本要求，與特定時代無關；《詩品》「建安風力」、陳子昂「漢魏風骨」、嚴羽「建安風骨」的具體內涵迥不相同；陳子昂的主張是一元的，但鍾嶸的「風力」須與「丹彩」配合；李白的「建安骨」大概是興到之言，他本人在其他地方有完全相反的意見。這些文獻材料根本無法連綴出一段如論者所說的「建安風骨」概念史，縱使加上其他次要術語也無濟於事。

既然發現了這些術語的連續性大有可疑，我們不妨重新檢視以上三個「建安風骨」論題。由於「建安風骨」一詞正式出現晚至宋代，論者又認為這一概念可以遠溯至南朝，──本文副題把南朝至宋以前的階段比喻為「建安風骨」概念的史前史──結果是需要設計出一個能夠同時適用於《文心雕龍》、《詩品》乃至《滄浪詩話》等文獻的「建安風骨」定義，這恐怕是不可能成功

的。張可禮説：「由於提倡『建安風骨』的文人所處的時代不同，由於他們的審美理想和審美趣味不同，因此，他們儘管用的概念是相同的，或者是相近的，但概念的具體內含，卻存在著明顯的差異。」[96] 既然「內含」有明顯差異，為甚麼可以視為同一個概念呢？這還算坦白，更多的論者根本不回答這個問題。不過因為涉及的文獻眾多，加上被視為概念始源的《文心雕龍·風骨》篇又聚訟不休，斷章取義之下，各種對「建安風骨」的解釋似乎都有片面的道理。但我們只要細心想想，從反映社會現實到作品內在的生氣和感染力，這些截然不同的説法，都有人提出作為「建安風骨」的內涵，難道這個概念真是如此包羅廣大嗎？

　　弄清楚「『建安風骨』的內涵」是甚麼性質的問題，另外兩個論題就不難回應了。説歷史上某些人通過評論建安文學而提出某些主張，或者反對某些風氣，[97] 是可以的；但從上文的分析可見，「建安風骨」系列各術語根本不是同一回事，把推許建安文學的不同理由匯入「建安風骨」的名目下，未免牽強失實。一種縱貫歷代的「『建安風骨』詩學理想」既不存在，歷代文人以之「糾正所處時代的文風」這種説法就失去前提，無從談起了。

96　〈如何理解「建安風骨」?〉，頁292。

97　中國社會科學院文學研究所中國文學史編寫組的《中國文學史》(北京：人民文學出版社，1983年) 説：「歷來作家常把建安看作文學的黃金時代。他們在反對綺靡柔弱的形式主義文風和強調作品的現實意義時，往往提出建安作品來作為效法的典範。」(頁188) 章培恆、駱玉明主編的《中國文學史》則説：「後世的作家在反對片面追求形式和單純的修辭之美，而強調文學熱情和內在的感染力時，往往就標舉『建安風骨』的旗幟。」(頁310)

　　有一個特別的現象從另外的角度突顯了「建安風骨」論述的不合理。在嚴羽之後，使用這一術語的人雖然不多，仍有胡應麟、沈德潛等數人。胡應麟《詩藪》説：「宋、齊之末，靡極矣。而袁陽源〔淑〕〈白馬〉，虞子陽〔曦〕〈北伐〉，大有建安風骨，何從得之？」沈德潛《唐詩別裁集》評論陳子昂説：「追建安之風骨，變齊梁之綺靡，寄興無端，別有天地。」[98]《詩藪》和《唐詩別裁集》並非僻書，提及這些材料的論者卻少之又少，遑論用上分析五個主要術語那麼多的篇幅來討論了。[99] 這兩個「建安風骨」內涵是否一致，尚需研究，但胡、沈的詩論不能説成獨尊建安或風骨，則在學術界向無異議。這些材料既不能順利納入論述，就只有淡化處理了，「建安風骨」論述因而出現史前階段熱鬧、有史階段冷落的奇怪現象。

四、結論

　　本文分析了被稱為「建安風骨」的多個術語，對論者把它們連綴成一條脈絡的各種説法提出質疑，並否定了由這一概念衍生出來的一套文學史論述。總括地説，本文認為「建安風骨」論

98　《詩藪》，〈外篇〉卷二，頁149；《唐詩別裁集》，頁7。

99　《中國文學批評通史‧魏晉南北朝卷》和《魏晉文學史》羅列的術語較多，前者指出「胡應麟《詩藪》一書，讚美風骨之論很多。他推崇盛唐氣骨，同時往往指責到中唐錢起、劉長卿的篇什，喪失了盛唐風骨」（頁457）。後者僅説「『格調派』朱彝尊、沈德潛更重風骨，《古詩源》中對建安作品極為推尊，三曹、七子代表名篇幾無遺漏」（頁18）。都沒有引錄本文列出的兩段材料。

述最嚴重的缺失，是把以下三個文學史研究的課題不完整地絞纏在一起：

1. 建安文學的特色

　　所謂特點，需要由比較而得。在建安作者中選擇哪些人、哪些文類、哪些作品，來跟哪些對象比較，強調某些因素，隱藏另一些因素，安排一系列的因果關係，由此呈現出某個論述的主題，這本是文學史再正常不過的操作。[100] 不同的選擇，正透露了研究者或浸潤於時代、學派，或有意衝決主流的文學觀點。所以「某時代文學特色」的描述，應該是多元、流動的，不可能絕對客觀、永恒不變。有論者既把「建安風骨」理解為剛健風格，但又看到還有不少其他風格的佳作，就提出「建安風骨」不等於建安文學，不過卻主張「解釋建安風骨時，應該專就建安文學中的風骨來談」。[101] 探討嚴羽、胡應麟等的文學批評，這樣做是可以的，因為他們的確用過這一術語，但假如要研究建安

100　參考Hayden White, "Historical Text as Literary Artifact," In White, *Tropics of Discourse*（Baltimore and London: The Johns Hopkins University, 1978）, p.85。該文旨在提出歷史敍述必然具有虛構成份，歷史編纂不僅僅是事實的紀錄，因此歷史可以有不同的編纂方式。但該文又說："This is not to say that we cannot distinguish between good and bad historiography, since we can always fall back on such criteria as responsibility to the reles of evidence, the relative fullness of narrative detail, logical consistency, and the like to determine this issue."（p.97）本文的分析正是在這一層面上運作。

101　周振甫：〈釋「建安風骨」〉，頁439。

文學的特點，株守「建安風骨」的概念反而就是障礙了。[102]

2. 建安文學的接受史

上文已指出，論者把「建安風骨」說成建安文學受歷代推許的原因，其錯誤是把性質迥異的術語混為一談，從接受史的角度看，也就是把多元的觀點強行統合為一。此外，因為論者預先把建安文學安放在特定的位置，所有文獻材料都要支持這一前設，於是某些正面的評語得到特別的強調，另一些有保留的肯定給拔高為絕對的肯定。[103] 至於負面的評語，不能詮釋為正面的讚揚，就予以掩藏埋沒。[104] 這樣建構出來的文學史是不合理的。

---

102 周文錚〈「建安風骨」不應僅指風格剛健之作〉是很值得一提的論文，周氏否定了把《文心雕龍》「風骨」、陳子昂「漢魏風骨」、嚴羽「建安風骨」理解為剛健風格的流行說法，這和本文的非連續觀點頗有相通之處。但周氏略去了《詩品》「建安風力」，又沒有清楚交代他是否認為這些術語彼此無關，他的具體論證，本文也未能接受。更大的問題是，周文在最後的部份提出：「然而對於前人的觀點，無論是哪一家的，今天都只能借鑒。到底該予作為一項優良文學傳統的『建安風骨』哪些涵義，我們還須有自己的看法。」（頁72）這樣說來，周氏的「建安風骨」乃是重新定義，並無文獻依據。既然如此，又何必仍稱為「建安風骨」呢？

103 前者成為了「建安風骨」系列的關鍵術語，即本文重點分析的五個；後者本文舉出了沈約〈謝靈運傳論〉、李善〈上《文選注》表〉、殷璠《河嶽英靈集》三個例子。

104 如李諤上書隋文帝說：「魏之三祖，更尚文詞，忽君人之大道，好雕蟲之小藝。下之從上，有同影響，競騁文華，遂成風俗。」見《隋書》（北京：中華書局，1973年），〈李諤傳〉，頁1544。這段文字「建安風骨」論者多不引用。

3. 文學思想史的主線

　　論者連綴不同的詞語成為「建安風骨」術語系列，其後果是扭曲了某些古代文學評論家的體系。刻意強調某些術語，壓抑另一些術語，由此製造出一個貫時主張的幻象，並不困難，不過這樣的主線無法通過嚴格的文獻分析考驗。本文引述過不少論者把「建安風骨」理解為剛健爽朗或樸素自然的風格，憑藉術語的連綴，一種反柔靡、反形式主義的主張，似乎貫串了六朝唐宋的文學思想史。現實主義和形式主義抗爭的文學史觀，倡自二十世紀五十年代的大陸官方，在六七十年代曾傾倒一時，雖然至今影響力已大不如前，但在當前的文學史研究領域，仍處處留有遺痕，「建安風骨」的這一理解正是痕跡之一。本文並未全面論證以上史觀的是非，但在「建安風骨」的範圍內，前述文學思想主線沒有充份的文獻支持卻是無疑的。

沈約《宋書・謝靈運傳論》「子建、仲宣以氣質為體」小議

　　沈約《宋書・謝靈運傳論》是六朝文論中的名篇。該文首先概述自遠古至當時詩歌文類的演變，然後提出著名的聲律說。本文題目的引語出自文章的前半部份，對這句話一般有兩種理解：其一像《中國歷代文論選》所說的：「氣質指個性修養。在於作家謂之氣，形之作品謂之風格。曹植、王粲不同的氣質形成作品不同的風格，所以說是『以氣質為體』。」[1] 其二可以舉《中國文學批評通史・魏晉南北朝卷》為代表：「『以氣質為體』，指情感表現鮮明有力而比較質樸本色的動人風格。」[2] 兩種理解的分別在於，前一說的「氣質」是指整個分類系統，後一說的「氣質」專指這系統中的一個類別；前者令人聯想到不少論者所認同的魏晉南北朝文學重視抒情和個性的特點，[3] 後者則和廣為傳誦的「建安風骨」、「建安風力」概念接近。[4]

<hr>

1　郭紹虞（主編）、王文生（副主編）：《中國歷代文論選》（上海：上海古籍出版社，1979年），頁218。

2　王運熙、楊明：《中國文學批評通史・魏晉南北朝卷》（上海：上海古籍出版社，1996年），頁249。

3　參考羅宗強：《魏晉南北朝文學思想史》（北京：中華書局，1996年），頁26-32。

4　《中國文學批評通史・魏晉南北朝卷》：「他們[劉勰、鍾嶸]所指出的建安文學慷慨多氣、具有風力的特徵，與沈約所謂『以氣質為體』大致相同。」（頁249）單就「有力」而論，最早的出處可能是《文選》六臣注中的劉良注：「氣質，謂有力也。」見《六臣註文選》（文淵閣《四庫全書》本〔上海：上海古籍出版社影印，1987年〕），卷50，頁20（總頁1332）。

「氣質」在今天是習用語。《現代漢語詞典》列出兩個義項:

1. 指人的相當穩定的個性特點,如活潑、直爽、沈靜、浮躁等。是高級神經活動在人的行動上的表現。

2. 風格;氣度:革命者的氣質。[5]

氣質有活潑、直爽等類別,又可加上修飾語「革命者的」以區別於其他氣質,顯然和上面列舉的前一說相近。宋代理學家也喜歡說氣質之性,大體上是用來與「性之本」(即「理」)相對,解釋人的性情為何各有所偏,[6] 與現代的用法稍有不同。但在宋代之前,「氣質」一詞似乎並不常見,[7] 因此兩說的是非尚難遽定。

現先引錄沈約原文如下:

周室既衰,風流彌著。屈平、宋玉,導清源於前,賈誼、相如振芳塵於後,英辭潤金石,高義薄雲天。自茲以降,情志愈廣。王褒、劉向、揚、班、崔、蔡之徒,異軌同奔,遞相師祖。雖清辭麗曲,時發乎篇,

---

5   中國社會科學院語言研究所詞典編輯室編:《現代漢語詞典 (繁體字版)》(香港:商務印書館[香港]有限公司,2001年7月),頁911。

6   例如《論語‧陽貨》:「子曰:『性相近也,習相遠也。』」朱熹《四書章句集注》(北京:中華書局,1983年):「此所謂性,兼氣質而言者也。氣質之性,固有美惡之不同矣。然以其初而言,則不甚相遠也。」又引程子曰:「此言氣質之性。非言性之本也。若言其本,則性即是理,理無不善,孟之子言性善是也。何相近之有哉?」(頁175-176)

7   例如劉勰、鍾嶸和沈約年代相近,但《文心雕龍》、《詩品》都沒有使用「氣質」一詞,《文選》所錄作品中,「氣質」僅一見,正是沈約這篇〈謝靈運傳論〉。

而蕪音累氣，固亦多矣。若夫平子艷發，文以情變，絕唱高蹤，久無嗣響。至于建安，曹氏基命，二祖、陳王，咸蓄盛藻，甫乃以情緯文，以文被質。自漢至魏，四百餘年，辭人才子，文體三變。相如巧為形似之言，班固長於情理之說，<u>子建、仲宣以氣質為體</u>，並標能擅美，獨映當時。是以一世之士，各相慕習。……降及元康，潘、陸特秀，律異班、賈，體變曹、王，縟旨星稠，繁文綺合。綴平台之逸響，採南皮之高韻，遺風餘烈，事極江右。[8]

對這段文字我們可以有幾點初步的觀察：一、從「並標能擅美，獨映當時」可見，司馬相如、班固、曹植、王粲獲得相同程度的肯定。「並」者皆也，「三變」之中，沈約沒有特別拔高其一。二、「三變」是由漢至魏四百年間的發展情況，並非文學的極致。從下文對潘岳、陸機的評論看，他們的縟旨繁文有異於漢魏，是延續並且超越，而非本質的不同。[9]三、沈文對建安文風的兩組評論句子（「甫乃以情緯文，以文被質」、「子建、仲宣以

8　此文並見於《宋書》及《文選》，字句略有不同，但不影響這裏的討論。本文用《宋書》（北京：中華書局，1974年）的版本，見頁1778。

9　李善注：「《漢書》曰：『梁孝王廣治睢陽城為複道，自宮連屬於平臺，三十餘里，招延四方豪傑。』逸響，謂司馬相如之文。南皮，魏文帝所遊也。高韻，謂應[瑒]、徐[幹]之文也。」見《文選》（胡克家刻本〔北京：中華書局縮印，1977年〕），卷50，頁13（總頁703）。平臺謂漢，南皮謂魏，但沈文既說「一世之士，各相慕習」，則不必限於個別作者，假如必須舉出姓名，似乎曹、王又比應、徐為當。

氣質為體」），[10]當視為意思相關，而並非互不牽涉。

假如以上三點可以接受，則理解「氣質」句不妨由「甫乃以情緯文，以文被質」入手。李善注此句云：

鄭玄《周禮注》曰：「甫，始也。」言始將情意以緯於文。[11]

由於「甫乃」兼領以下八字，我們可以沿用李善的句式繼續說：「始將文藻以被於質」。「以文被質」意謂飾以辭采，不難明白。至於「以情緯文」，論者大多同意雖然「詩緣情」之說始自陸機，但重視抒情和個性是魏晉文學的特點，[12]乍一看來「以情緯文」正是指作品表現出個人化的感受。不過在這組文句中，最值得注意的是「甫」字。沈約說建安作者才剛開始「以情緯文，以文被質」，這顯然表示在這兩方面（或最少其中一方面）前人未有充份發揮，也暗示後人尚有進步餘地。但沈約前文已說過，自屈、宋、司馬等以降「情志愈廣」、張衡「文以情變」、班固長於

10　「咸蓄盛藻」只是佳作繁多之意，與作品的風格無關。李善注：「《續晉陽秋》曰：『及至建安而詩章大盛。』」見《文選》，卷50，頁13（總頁703）。陸機〈文賦〉也有「以述先士之盛藻」，陳世驤譯作 'to tell of the glorious accomplishments of ancient men of letters'，徐復觀則解釋為「先士的成功作品（盛藻）」。見《文選》，卷17，頁1（總239），楊牧：《陸機文賦校釋》（臺北：洪範書店，1985年），頁2、5。

11　卷50，頁13（總頁703）。

12　羅宗強：《魏晉南北朝文學思想史》，頁15-26。

13　范文瀾：《文心雕龍註》（香港：商務印書館香港分館，1960年香港新一版），頁530、505。

14　同上注，頁505。

「情理之說」，他們都在建安之前，這幾個「情」字不當和「以情緯文」有異，因此「甫」字就令人費解了。

「以情緯文」和「以文被質」當是反覆強調的表達方式。文質和文情都是內容、辭采的二分概念，正如《文心雕龍‧定勢》的「文辭盡情」或同書〈體性〉的「情動而言形，理發而文見」，[13] 情、理、質都是內隱的，文、辭、言都是外顯的，所以〈體性〉接着就說：「蓋沿隱以至顯，因內而符外者也。」[14] 由此看來，沈約所理解的建安文學特點是開始注意辭采藻飾，但華麗繁富還有待於後來的潘岳、陸機等作者。鄧仕樑曾指出綺靡是六朝詩人追求的效果，[15] 而他們的確成功了，所以回看濫觴者的建安詩，就覺得既有啟導之功，卻仍是樸素少文。《文心雕龍‧明詩》也說建安詩「造懷指事，不求纖密之巧；驅辭逐貌，唯取昭晰之能」，[16] 但曹植的〈名都篇〉、〈美女篇〉，王粲的〈雜詩〉（日暮遊西園）、〈公讌詩〉諸作，難道沒有雕琢的用心？我們身處的時代慣於把重視辭采貶抑為形式主義，與六朝人的追求恰好相反，[17] 沈約、劉勰對建安文學的看法和我們有分別是很正常的。但論者往往忽略了這一點，詮釋沈、劉的理論時，不自覺地屌入了現代的觀念，造成語意上的窒礙。[18]

15　鄧仕樑：〈六朝詩人的評價問題——以陸機為例的探討〉（載《中國文化研究所學報》第十六卷〔1985年〕），頁151。

16　《文心雕龍註》，頁66-67。

17　參考鄧仕樑：〈六朝詩人的評價問題〉。

18　例如很多論者認為〈明詩〉推崇建安，而同篇下文「晉世群才，稍入輕綺」、「采縟於正始，力柔於建安」云云，則是對西晉的非議。其實這些文句更適合理解為不流露評價的描述，「不求纖密、唯取昭晰」是一種風格，「輕綺」何嘗不是另一種風格？「采縟」、「力柔」都由比較而得，但劉勰沒有並是此而非彼，厚甲而薄乙，反而在下文提出兼包並蓄的原則：「華實異用，惟才所安」。

現在嘗試解釋「以氣質為體」一語。由於「以情緯文」並非重視個性之意,「氣質」作「個性修養」解和前文不相干,似不可取。至於「情感表現鮮明有力而比較質樸本色的動人風格」,後半部份(即「質樸本色」)可以認同,但「有力」卻未必然,[19] 因為這樣詮釋「氣質」並無用例可援。[20] 考《北史‧文苑傳》序:

> 蓋文之所起,情發於中。而自漢、魏以來,迄乎晉、宋,其體屢變,前哲論之詳矣。暨永明、天監之際,太和、天保之間,洛陽、江左,文雅尤盛,彼此好尚,互有異同。<u>江左宮商發越,貴於清綺;河朔詞義貞剛,重乎氣質。氣質則理勝其詞,清綺則文過其意。</u>理深者便於時用,文華者宜於詠歌。此其南北詞人得失之大較也。若能掇彼清音,簡茲累句,各去所短,合其兩長,則文質彬彬,盡美盡善矣。[21]

19　如果「有力」只是描述「鮮明」的程度,即vividly、lively的意思,本文可以接受。但正如注4所引的,該書作者把「氣質」聯繫到「風力」,那就只能作一種特定的風格理解了。

20　唐人柳冕〈與徐給事論文書〉:「雖揚、馬形似,曹、劉骨氣,潘、陸藻麗,文多用寡,則是一技,君子不為也。」見《全唐文》(孫映逵等點校本〔太原:山西教育出版社,2002年〕),第四冊,卷527,頁3169。柳氏很可能因襲沈文,並把「氣質」改為「骨氣」,這似乎就和「有力」接近了,但柳冕對沈文的理解是否正確,當然仍可置疑。

21　《北史》(北京:中華書局,1974年),頁2781-2782。類似的文字又見於《隋書‧文學傳》(北京:中華書局,1973年),頁1729-1730,有底線的幾句完全相同。

「氣質」和「清綺」對舉，下文又解釋「重乎氣質」的後果是「理勝其詞」，「貴於清綺」的影響是「文過其意」，短長互補則可達致「文質彬彬」。可見，「氣質」乃是簡約寡文之意，或沿用《中國文學批評通史》的「質樸本色」亦可。[22] 但就文學風格而論，簡約、質樸未必和有力相兼。[23] 論者往往誤會曹丕《典論‧論文》「氣之清濁有體，不可力強而致」的清氣和《文心雕龍》的「風骨」都指陽剛有力的風格，因而把由「氣」字構成的文學術語和「清氣」、「風骨」聯繫起來，一概理解為陽剛之意。其實仔細考察有關文獻的前後文理，多沒有這一重意思。[24]

最後不妨一提，李善〈上《文選注》表〉有「氣質馳建安之體」，[25] 當是化用沈文，可惜李氏在沈文該句下沒有注，後人無法得知他怎樣理解「氣質」。有些論者說李善也認為建安詩具有風力，[26] 證據似嫌未足。

22　《隋書》還有另一個「氣質」，見於〈藝文志〉經籍四《楚辭》類小序：「賈誼、東方朔、劉向、揚雄，嘉其[案：指屈原]文彩，擬之而作。……然其氣質高麗，雅致清遠，後之文人，咸不能逮。」（頁1056）這一「氣質」似乎近於今日風格的意思。

23　如嚴羽《滄浪詩話》詩之九品既有古，又有雄渾、悲壯，古大概是簡樸之意，然則在嚴氏心目中，簡樸和雄渾、悲壯這些有力的風格是互相分離的。見郭紹虞：《滄浪詩話校釋》（北京：人民文學出版社，1983年2版），頁7。

24　參考鄧仕樑：〈「能研諸慮，何遠之有哉」──《文心雕龍‧風骨》九慮〉（載《中國文哲研究集刊》，第十二期〔1998年3月〕，頁125-165）及樊善標：〈清濁陰陽辨──曹丕「以氣論文」再詮釋〉（載本書頁9-52）。

25　《文選》，頁3。

26　例如《中國文學批評通史‧魏晉南北朝卷》，頁249。

文學史寫作方式與「建安風骨」論說

一、引言

　　「建安風骨」在中國古典文學領域裏，似乎是再常見不過的用語。按一般理解，「建安風骨」是這一時段文學作品尤其是詩歌的「時代特徵」。[1]也有人用「漢魏風骨」或「建安風力」，但漢魏其實仍指建安時代。這些術語的普及程度，可以從當前各種文學史或文學研究史總不忘提上一筆得以證明。[2]可是對「建安風骨」的解釋，往往言人人殊。吳云主編《魏晉南北朝文學研究》第二章〈建安文學研究〉，第三節「關於『建安風骨』的研究」說：「在歷代建安文學研究中，『建安風骨』或『建安風力』問題備受重視，論者承認它對建安文學的代表性，而又不能對它的含義取得一致的解釋。」[3]既認定「建安風骨」可以代表建安文學的時

1　例如《中國大百科全書・中國文學II》（北京：中國大百科全書出版社，1986年）「三國兩晉文學」條：「建安作家的創作，有著共同的時代特徵。……建安文學的這些時代特徵，被後人稱為『建安風骨』、或『漢魏風骨』，受到後代作家和文學理論家的推重，並被用來作為反對靡弱詩風的武器。」（頁679）

2　例如徐公持編著《魏晉文學史》（北京：人民文學出版社，1999年）、劉躍進主編《中國古代文學通論・魏晉南北朝卷》（瀋陽：遼寧人民出版社，2005年）、吳云主編《魏晉南北朝文學研究》（北京：北京出版社，2001年）、羊列榮著《20世紀中國古代文學研究史・詩歌卷》（上海：東方出版中心，2006年），都有獨立章節論述「建安風骨」。

3　吳云：《魏晉南北朝文學研究》，頁55。

代特徵，卻無法對特徵的具體內涵取得共識，頻繁的「再解讀」持續了好幾十年。[4]人文學科的闡釋活動表面上是發掘概念本來具有的內容，卻往往把闡釋者自己的立場或主張讀進去，因此新說迭出不足為奇。但為甚麼見解各異的論者，都認定這個概念可以代表時代的文學特徵？又，「建安風骨」是否真的「在歷代建安文學研究中」同樣受到重視？

眾所周知，「建安風骨」始見於嚴羽《滄浪詩話‧詩評》：「黃初之後，惟阮籍〈詠懷〉之作，極為高古，有建安風骨。」[5]「漢魏風骨」始見於陳子昂的〈修竹篇序〉：

> 東方公足下：文章道弊五百年矣。漢魏風骨，晉宋莫傳。……一昨於解三處見明公〈詠孤桐〉篇，……不圖正始之音，復睹於茲，可使建安作者相視而笑。解君云：張茂先、何敬祖，東方生與其比肩。僕亦以為知言也。[6]

4　該書引述的「建安風骨」研究截至出版的兩年前，即1999年。「再解讀」借用劉躍進《中國古代文學通論‧魏晉南北朝卷》中編「魏晉南北朝文學與社會文化」第一章的題目：〈「建安風骨」再解讀〉。徐公持則認為「欲理解『建安風骨』的確切含義，尚需回到鍾〔嶸〕、劉〔勰〕二人的有關論述」，這意味很多人未能掌握「建安風骨」的「確切含義」，見《魏晉文學史》，頁13。羊列榮《20世紀中國古代文學研究史‧詩歌卷》第四章〈「建安風骨」與曹植〉第一節「以『風骨』為敘角」，縷述由上世紀二十年代初劉師培至八十年代錢志熙、張可禮諸家的不同說法。但要注意，羊氏舉出的學者中，有些並沒有用上「建安風骨」、「建安風力」或「漢魏風骨」。

5　郭紹虞：《滄浪詩話校釋》（北京：人民文學出版社，1983年2版），頁155。

6　徐鵬（校）：《陳子昂集》（北京：中華書局，1960年），頁15。原書用圈點，引文沿用其斷句，改為新式標點符號。

「建安風力」則始見於鍾嶸的〈《詩品》序〉：

> 降及建安，曹公父子，篤好斯文；平原兄弟，鬱為文棟；劉楨、王粲，為其羽翼。次有攀龍托鳳，自致於屬車者，蓋將百計。彬彬之盛，大備於時矣。爾後陵遲衰微，迄于有晉。太康中，三張、二陸、兩潘、一左，勃爾復興，踵武前王，風流未沫，亦文章之中興也。永嘉時，貴黃、老，稍尚虛談。于時篇什，理過其辭，淡乎寡味。爰及江表，微波尚傳：孫綽、許詢、桓、庾諸公詩，皆平典似《道德論》。建安風力盡矣。[7]

上引文字裏的「建安風骨」、「漢魏風骨」等，是否指整個時代的文學特徵，其實不容易斷定。[8]有些論者不僅認為這三個用語內

7　曹旭：《詩品集注》（上海：上海古籍出版社，1994年），頁8-28。另有兩次獨立出現的「風力」，一次也是《詩品·序》：「故詩有六義焉：一曰興，二曰比，三曰賦。……弘斯三義，酌而用之，幹之以風力，潤之以丹彩，使詠之者無極，聞之者動心，是詩之至也。」（頁39）另一次見於中品「宋徵士陶潛詩」評語：「其源出於應璩，又協左思風力。文體省靜，殆無長語。篤意真古，辭興婉愜。每觀其文，想其人德。世歎其質直。至如『歡言酌春酒』、『日暮天無雲』，風華清靡，豈直為田家語耶？古今隱逸詩人之宗也。」（頁260）

8　〈《詩品》序〉以「風力」和「丹彩」對舉，居於上品的建安作者中，曹植「骨氣奇高，詞彩華茂」，兩者兼備；劉楨「貞骨凌霜，高風跨俗」，偏於「風力」；王粲「文秀而質羸」，以「丹彩」勝。由此可見「風力」不足以涵蓋建安詩的全貌。「建安風力盡矣」其實只是說建安詩的一種特質消失了。其次，〈修竹篇序〉的時代觀念頗覺混亂，文中既同意解三用張華（茂先）、何劭（敬祖）和東方生相比，但張、何都是晉代詩人，這不就和「漢魏風骨，晉宋莫傳」自相矛盾了嗎？至於《滄浪詩話》，除了上述引文外，又有：「漢魏古詩，氣象混沌，難以句摘。」「建安之作，全在氣象，不可尋枝摘葉。靈運之詩，已是徹首尾成對句矣，是以不及建安也。」這些段落的主題詞（「漢魏古詩」、「建安之作」、「阮籍《詠懷》之作」）和判斷詞（「氣象混沌」、「高古」、「建安風骨」）究竟有何關係或分別，書中完全沒有說明，單獨抽出「建安風骨」一詞，說是時代特徵，似嫌武斷。以上《詩品》引文見《詩品集注》，頁97、110、117；《滄浪詩話》引文見《滄浪詩話校釋》，頁151、158。

涵一脈相承，還把它們的起源上溯至《文心雕龍‧風骨》篇，又補上如李白詩句「蓬萊文章建安骨」等材料，這樣，「建安風骨」或「建安風力」就的確是一個源遠流長的詩學傳統了。[9]然而上述文獻資料如果結合各自原來的文脈來考慮，即可發現彼此齟齬之處甚多，所謂的「詩學傳統」恐怕只是用現代觀點連綴而成的線索，在歷史上並無其事。[10]重讀數十年來的文學史著作，這一論點益可得到證明。在這些文學史著作中，「建安風骨」（也包括「漢魏風骨」、「建安風力」等）使用的變化非常明顯：從罕見談及而至不可或缺，從解説簡略而至疏釋詳盡，追本溯源式的詩學傳統建構則是更晚近的事情了。[11]由此推知，目前流行的「建安風骨」概念，可以説是現代的發明，隨着新的文學史寫作方式（也是文學研究方式）而出現、通行。本文回顧數十年間的文學史著作，勾勒「建安風骨」成為研究建安文學必備概念的過程，藉以解釋目前「建安風骨」雖是常識卻無定論的奇怪現象，並略

9　參見以下著作：林庚：〈陳子昂與建安風骨——古代詩歌中的浪漫主義傳統〉，《文學評論》1959年第5期，頁138-148；張可禮：〈如何理解「建安風骨」?〉，載所著《建安文學論稿》（濟南：山東教育出版社，1986年），頁276-294；王運熙：〈從《文心雕龍‧風骨》談到建安風骨〉，《文史》第九輯（1980年6月），頁171-186；林文月：〈蓬萊文章建安骨——試論中世紀詩壇風骨之式微與復興〉，載所著《中古文學論叢》（臺北：大安出版社，1989年），頁1-54；王巍：《建安文學概論》（瀋陽：遼寧教育出版社，1991年），頁16-22；周振甫：〈建安風骨試論〉，載所著《文論散記——詩心文心的知音》（北京：學苑出版社，1993年），頁425-431；〈釋「建安風骨」〉，載同書，頁432-441。

10　參樊善標：〈「建安風骨」術語系列成立基礎的檢討——一個概念的史前史〉，載本書，頁53-93。

11　最早從這一方向論述的似乎是林庚的〈陳子昂與建安風骨〉。

述「建安風骨」術語對建安文學研究的限制。

二、「建安風骨」在文學史著作的出現

　　檢閱晚清以迄五十年代末的文學史著作，[12]可以發現，在上世紀三十年代及以前，「建安風骨」的地位並不重要。「建安風骨」代表一種「時代特徵」的説法，要到四十年代才正式出現，用者漸多則是五十年代的事。1957 年中華人民共和國高等教育部委託多所院校合作起草的《中國文學史教學大綱》出版，該書作為大學課程的指引，把「建安風骨」的名稱和內涵列為明文。此後的文學史著作對《大綱》的演繹，雖然不無出入，但基本模式已經確定，所以本文蒐集的資料到五十年代末為止。以下先列出曾使用「建安風骨」的著作。

表一

編號	作者及著作名稱	具體用語
*1	陳延傑〈魏晉五言詩〉（1927）[13]	建安之風骨
2	葛遵禮《中國文學史》（1928）[14]	建安之風骨

12　本文根據陳玉堂《中國文學史書目提要》（合肥：黃山書社，1986年）及吉平平、黃曉靜《中國文學史著版本概覽》（瀋陽：遼寧大學出版社，1992年）的著錄，檢查晚清至上世紀五十年代末的文學史著作，包括通史、斷代史、文類史、文學思想及批評史、婦女文學史等，另補充若干單篇的文學史研究性質論文。陳、吉二書所著錄的文學史無法一一覓得，本文之末列出曾經檢查和未及檢查的文學史著作書目。

13　載鄭振鐸（編）：《中國文學研究》（上海：商務印書館，1927年），上冊。本書為《小説月報》第十七卷號外。

14　葛遵禮：《中國文學史》（上海：會文堂書局，1928年12版）。本書初版在1921年面世，但目前只能找到本版。

3	梁乙真《中國婦女文學史綱》（1932）[15]	建安之骨
4	沈達材《建安文學概論》（1932）[16]	建安風力
5	鄭賓于《中國文學流變史》（1936）[17]	建安風骨
6	錢基博《中國文學史》（1939）[18]	建安風力
7	林庚《中國文學史》（1941）[19]	建安的風力
8	王瑤〈曹氏父子與建安七子〉（1948）[20]	建安風骨
*9	余冠英〈建安詩人代表曹植〉（1951）[21]	建安風骨
10	王瑤〈魏晉五言詩〉（1954）[22]	建安風骨
11	林庚《中國文學簡史》（1954）[23]	建安的風力或風骨

15　梁乙真：《中國婦女文學史綱》，開明書店1932年初版；收入《民國叢書》第二編第60冊（上海：上海書店，1990年）。

16　沈達材：《建安文學概論》，樸社1932年初版；收入《民國叢書》第四編第57冊（上海：上海書店，1992年）。

17　鄭賓于：《中國文學流變史》，北新書局1936年版（鄭州：中州古籍出版社，1991年）。此書原來分冊出版，建安文學收於中冊，據序言（題目作〈第一頁〉），本冊在1929年5月7日前撰寫完成，並在稍後出版。1936年的版本不知道與此有無差別。

18　錢基博：《中國文學史》（北京：中華書局，1993年）。據吳忠匡〈後記〉，此書「據一九三九年前國立師範學院鉛字排印本重行刊印」（頁1135）。

19　林庚：《中國文學史》（廈門：國立廈門大學，1947年）。〈自序〉前三篇（建安文學包括在內）曾在1941年由廈門大學油印出版，本版只是增寫了第四篇。

20　載王瑤：《中古文學風貌》，《中古文學史論》之三（上海：棠棣出版社，1951年）。據自序，本書開始屬稿於1942年秋，1948年撰成。王瑤另有〈漢魏六朝文學概述〉，文中有「後世常常以『建安風骨』來當作評價好詩的標準。」但沒有具體說明「建安風骨」的內容。該文原載王瑤《中國文學論叢》，據該書〈後記〉（1952年2月），書中各篇文章是「最近三四年來已發表過的文字」。由於王瑤在接近年代已有解說詳盡的〈曹氏父子與建安七子〉，該文不列於表中。以上引文載《王瑤文集》（太原：北岳文藝出版社，1995年），第2卷，頁312、565。

21　載余冠英：《漢魏六朝詩論叢》（上海：棠棣出版社，1953年3版）。文末注明寫作日期為1951年8月25日。

22　原刊《文藝學習》第6期（1954年9月），後收入王瑤《中國詩歌發展講話》（北京：中國青年出版社，1956年）。

23　林庚：《中國文學簡史》（上海：上海文藝聯合出版社，1954年）。

*12	余冠英〈論建安曹氏父子的詩〉[24]（1955）	建安風骨
*13	金申熊〈怎樣理解「建安風骨」〉（1956）[25]	建安風骨
14	《中國文學史教學大綱》（1957）[26]	建安風骨
15	劉大杰《中國文學發展史》（1957）[27]	建安風骨
*16	鄭孟彤、黃志輝〈試論曹植和他的詩歌〉（1957）[28]	建安風骨
*17	金達凱〈試論建安詩〉（1958）[29]	建安風骨
18	譚丕模《中國文學史綱》（1958）[30]	反抗性的風力
19	北京大學中文系文學專門化1955級《中國文學史》	風骨或風力
*20	范民聲等〈「建安風骨」是怎樣形成的〉（1959）[31]	建安風骨
*21	林庚〈陳子昂與建安風骨〉（1959）[32]	建安風骨

*單篇的文學史研究論文

　　曾經提及「建安風骨」的著作，實際數量當然不止於此，很多文學史已經散佚，或暫時無法覓得；不帶文學史名義的專書或論文數量更多，更難全數查閱。此外，「表一」附於著作後的年份，旨在為下文分析各用例提供時間先後的參照，但各書各

24　載《文學遺產增刊》一輯（北京：作家出版社，1955年），後作為余冠英《三曹詩選》（北京：作家出版社，1956年）的〈前言〉。
25　刊《光明日報‧文學遺產》第99期（1956年4月8日）。
26　中華人民共和國高等教育部（審定）：《中國文學史教學大綱》（綜合大學中國語言文學系漢語言文學專業四、五年制用）（北京：高等教育出版社，1957年）。
27　劉大杰：《中國文學發展史》（上海：古典文學出版社，1957年）。
28　載《文學遺產增刊》五輯（北京：作家出版社，1957年）。
29　刊《民主評論》半月刊第9卷第8期（1958年4月16日）。
30　譚丕模：《中國文學史綱》（北京：人民文學出版社，1958年）。
31　刊《光明日報‧文學遺產》第243期（1959年1月11日）。
32　刊《文學評論》1959年第5期。

文的出版情況未能一一查明。不過即使有這些困難，「建安風骨」
術語在用法和涵義上的變遷，還是十分明顯的。

　　首先，以「建安風骨」解說的詳略區分，葛遵禮（2）、梁乙
真（3）、鄭賓于（5）、錢基博（6）可以合為一類。這幾家僅僅
說某人有或沒有「建安風骨」，但不說明「建安風骨」的內涵。其
中葛、鄭、錢著作中的某人都是建安以後的作者。葛遵禮《中國
文學史》的「建安之風骨」見於對張華、傅玄、潘岳、陸機的合
評：「張傅潘陸之詩，雖無建安之風骨，而影響極大。六朝緣情
綺語之一體，唐代溫李新聲之一派，四人實導其源。」[33]鄭賓于
《中國文學流變史》則在評論阮籍時，先引嚴羽《滄浪詩話》有關
「建安風骨」的幾句，接着說：「然據鄙意看來，其橫溢處還要
遠駕曹王之上呢。」[34]錢基博《中國文學史》的「建安風力」用於
評論王弼：「弼注《易》及《老子》，甚有奇麗之言；然坦迤其辭，
而氣不遒壯；有清識而無茂裁，建安風力盡矣。」[35]錢氏的末句
顯然因襲鍾嶸《詩品》，但他的「建安風力」指王弼《易》注和《老
子》注的行文，而鍾嶸則指五言詩。又，王弼的時代要比《詩品》
原文所說的東晉詩人（「桓、庾諸公」）要早。至於梁乙真《中國
婦女文學史綱》，則用來評論一位建安作者：「魏晉文學，承建
安之後，故詩歌五言大盛。風氣所趨，婦女亦然。魏武卞后、

33　葛遵禮：《中國文學史》頁39。原書用圈點，現改為新式標點。

34　鄭賓于：《中國文學流變史》，中冊，頁25。

35　錢基博：《中國文學史》，第三編「中國文學」，第三節「嵇康　阮籍」，頁
　　128。

文帝甄后並有文采。此外若王宋之〈棄婦篇〉，猶存建安之骨。孟珠之〈陽春歌〉，早開〈子夜〉之先聲矣。」[36]

　　本來，通讀上述著作以歸納作者對建安文學共同特點的看法，表面上是有可能的，但歸納的結果是否就是該作者心目中「建安風骨」的意思，卻難以證實。[37]這些作者似乎只是行文偶爾涉及「建安風骨」，不一定考慮過用語的確切含義。

　　略有解釋而語焉不詳的是陳延傑（1）。陳氏〈魏晉五言詩〉一文把魏晉詩分為五期，即：曹氏父子、建安七子、正始體、太康體、永嘉以後體。陳氏在「第二期建安七子」下，引《文心雕龍‧明詩》：「暨建安之初，五言騰踊，文帝、陳思，縱轡以騁節；王徐應劉，望路而爭驅。並憐風月；狎池苑；述恩榮；敘酣宴，慷慨以任氣；磊落以使才：造懷指事，不求纖密之巧；驅辭逐貌，唯取昭晰之能。」然後評論說：「此真建安之風骨也。吾於七子可得而述矣。」[38]但〈明詩〉所言，既有選材的特

36　梁乙真：《中國婦女文學史綱》，頁95。「魏武」和「卞后」之間、「文帝」和「甄后」之間，原均有頓號，按文意取消。又，所謂王宋〈棄婦篇〉，梁氏下文又作〈雜詩〉，即「翩翩牀前帳」及「誰言去婦薄」二首。《玉臺新詠》題「劉勳妻王宋」作，《藝文類聚》以第一首為魏文帝作，題為〈代劉勳妻王氏雜詩〉，逯欽立則認為第一首曹丕所作，第二首曹植所作，見吳兆宜（注）、程琰（刪補）：《玉臺新詠箋注》（北京：中華書局，1985年），頁58；逯欽立：《先秦漢魏晉南北朝詩》（北京：中華書局，1983年），頁402、455。此處不詳考。

37　其實葛遵禮、梁乙真、鄭賓于的著作都沒有著墨於建安作者、作品的共同點。下文還會提到其他類似的文學史著作。

38　鄭振鐸：《中國文學研究》，上冊，頁2（案：此書所收論文每篇頁碼自為起訖）。〈明詩〉篇引文照錄陳氏的標點。

點（「憐風月，狎池苑」等），也有藝術表現的特點（「慷慨以任氣」等），「建安之風骨」是單指其一，還是兼指兩者呢？又，從「吾於七子可得而述矣」一句看來，陳氏「建安之風骨」專指建安七子，[39]但〈明詩〉原文卻包括曹丕、曹植在內。這些問題無法在文中得到解答。[40]

　　沈達材《建安文學概論》（4）是現代第一本建安文學專著，名為「概論」，實際上是詩史。沈氏認為：「文學為時代精神最高之表現，一時代有一時代之精神，故一時代有一時代的文學。……時代文學的可貴，便在它的富有時代精神。」而建安時代「以詩歌為文學運動中心」，「詩歌方面，蓬勃方興，可代表時代的精神」，「所以我們的《建安文學史》〔案：指本書，書名號為原文所有〕不去研究他們的辭賦，而注意於他們的詩歌，也以辭賦之在這時代裏，已成文學史上的陳迹了」。[41]可見所謂「富有時代精神」，是指符合歷史進展的趨勢。這一進展途程當然是由研究者根據他的史觀建構出來的，而在這裏「時代文學」則落實為某一種文學類型——五言詩。

　　「建安風骨」在沈書中並不矚目，但作者把它和全書的核心概念連繫起來，就使得它有了和以上各書不同的意味。沈氏總

39　但本節敍孔融時又說：「見漢詩內，茲不及云。」（頁4）

40　陳氏的分期原則也不一致，由「正始」到「永嘉以後」按年代排列，但建安七子中，孔融比曹操年長兩歲，其餘六子又比曹丕、曹植年長，所以「曹氏父子」和「建安七子」不能說是兩個時期。

41　沈達材：《建安文學概論》，頁21、6-7。

結建安時代「詩歌方面的總成績」時説：

> 它們的特色，並不是甚麼取法風騷，浸淫蘇、李，而在它能夠吸取樂府的精華，自由地，充分地表現自己的思想，作為自己的文學。所以這時代的文人，雖然極力摹仿樂府，用樂府做文學的標準，然在這種情狀之下，他們卻能夠在充分承認樂府民歌的文學真價值的趨勢當中，直接間接去和民歌接近，極力去效法數百年來的平民歌唱，而卓然自立於光華燦爛的文學園地中，形成了人們所崇拜，所效法的「建安風力」底文學。這是這時代的文學的趨勢，也就是詩歌方面——五言詩的特殊表現。[42]

文中的「建安風力」外有引號，表示用語本自前人，這前人應該就是鍾嶸。[43]同一段話又提到「和民歌接近」是「這時代的文學趨勢」，這是沈書對建安文學的核心觀點。建安時代的文學趨勢，在作者看來，是白話化和民歌化，而「白話化與民歌化的趨勢」又源於樂府的影響：

42　同注 41，頁82。

43　沈書前文已引用《詩品》原句：「許多文學批評家，都看這個時代，為非常重要，非常燦爛。故鍾嶸述兩晉之詩，而歎『建安風力盡矣』，李白論詩，亦以『自從建安來，綺麗不足珍』，及『蓬萊文章建安骨』為言。即盛唐詩人，所提倡的文學口號，也以『力追建安』為目標。可見它在文學史上，實佔著很重要的位置了。」（頁2）這裏還應注意，沈氏接連列舉鍾嶸、李白，以及唐人的話，結論是建安時代在文學史上很重要，卻沒有説這些人所體認的建安文學精神是一致的，與後來的「建安風骨」詩學傳統論不同。

這個新時代的文學，它的真價值，真生命，就在它的能夠繼續著平民文學的趨勢，而另外開出一條新的路來。這條新路所給與我們的標識是甚麼，所貢獻出來的功勳是怎樣？簡單說一句，就是促成<u>文學的白話化與民歌化的趨勢</u>。……我們考察樂府設立之先，他們所用來做為基礎的，其材料大半採自民間。這樣一來，他們表現出來的文學，自然與民間接近了。自然白話化，民歌化了。建安文學，完全是從樂府中孕育出來，它們的文學遠祖，遺留下的產業，做子孫的當然曉得利用，樂得承受。[44]

這裏描述的文學趨勢，顯然受胡適的啟發。胡適在《白話文學史》第五章〈漢末魏晉的文學〉說：

漢朝的韻文有兩條來路：一條路是模仿古人的辭賦，一條路是自然流露的民歌。前一條路是死的，僵化了的，無可救藥的。……如今且說那些自然產生的民歌，流傳在民間，採集在「樂府」，他們的魔力是無法抵抗的，他們的影響是無法躲避的。所以這些無數的民歌在幾百年的時期內竟規定了中古詩歌的形式體裁。[45]

---

44 沈達材：《建安文學概論》，頁79。

45 胡適（撰）、駱玉明（導讀）：《白話文學史》（上海：上海古籍出版社，1999年），頁35。

又說在「建安（196-220）正始（240-249）時期」，有一個「以曹氏父子為中心的文學運動，他的主要事業在於製作樂府歌辭，在於文人用古樂府的舊曲改作新詞」。建安文學（其實僅指詩歌）源於漢樂府，是胡、沈相同的見解。但胡適又說：「文人仿作民歌，一定免不了兩種結果：一方面是文學的民眾化，一方面是民歌的文人化。」[46]沈氏則強調「文學的民眾化」，而對「民歌的文人化」只輕輕帶過。[47]沈氏的「建安風力」本自鍾嶸，但通過民歌化、白話化來形成「建安風力」，卻並非《詩品》原來的看法。「民歌化」、「白話化」本足以描述沈氏所認定的建安文學特色和發展趨勢，即使不用「建安風力」也不影響行文意思，然而沈氏的新解，卻預示「建安風力」開始負起了更重要的任務。

三、作為「時代特徵」的「建安風骨」

正式把「建安風骨」說成時代特徵，大概由上世紀四十年代開始，其中以王瑤的文章解釋得最詳細，五十年代後期則出現了國家審定的界說。但在討論這些論著之前，擬先比較林庚在四、五十年代所著的兩本文學史，希望可以把「時代特徵」的意思說得透徹一些。

46　同注 45，頁37、40。

47　以上沈氏五言詩「白話化」和「民歌化」的引文都見於其書「建安文學之趨勢及其影響」一章，但沈氏在「引言」裏說過：「我們覺得純粹的民間文學，其始不過是具著粗鄙的詞句，真樸的情調，並沒有甚麼綺膩的，曲折的文學描寫。必要到了當代文人學士採用了這些民間歌曲，而自己去製造新詞，於是文學的黃金時期便到臨了。所謂《建安文學史》，蓋即這種文學史上的黃金期產物之一。」(頁7) 這段話的意思後來沒有繼續發揮。

　　林庚的《中國文學史》（7）在 1947 年正式出版，但遠古至宋元韻文的部份在 1941 年即已寫成。此書第九章〈不平衡的節奏〉敍述五言詩由東漢《古詩十九首》到陶淵明的發展過程，開頭即列出了全章的綱要，包括「所謂古詩時期」、「建安的風力」、「正始的變奏」等，可見「建安風力」是作為變遷的一個環節理解的。這個環節具體落實在曹植身上：「這時以超人的態度，追求著單純的男性的表現，而成為詩壇全新的體裁的，則有了曹植。所謂建安的風力，乃因其詩人的品格，在詩壇還沒有成熟前先自完成了。」[48]

　　林書的敍述框架和篇章命名都別樹一幟，面世以來引起了不少非議，[49]引文中「超人的態度」、「單純的男性的表現」，也不像常見的史家行文。但就本文討論的話題而言，不必追尋這些詞句的確解，而當注意「風力」與曹植的關係。

48　林庚：《中國文學史》，頁95、98。

49　梁容若〈中國文學史十一種述評〉說：「本書無時間觀念，既不用朝代帝王紀年，亦不用西曆紀年，任意糅合史料，可謂混亂一團。以黃帝至建安為啟蒙時代，以東漢五言詩出現至韓愈為黃金時代，以白居易至宋儒為白銀時代，以唐小說興起至清為黑暗時代，其斷限均互相牽混。各章標題，多抽象而意義不明，如『知道悲哀以後』（內容述楊朱墨翟及屈原宋玉）、『不平衡的節奏』（內言古詩十九首至西晉末詩人）、……標題與內容缺顯著意義配合。」載梁容若《中國文學史研究》（臺北：東大圖書股份有限公司，2004年5版），頁197-198。王瑤〈評林庚著《中國文學史》〉也批評「作者用他的觀點處理了全部文學史，或者說用文學史來注釋了他自己的文藝觀，遂使這部著作的特點變成了『詩的』」。載《王瑤文集》，第二卷，頁541。陳國球則認為林書的特色正在於「詩性書寫」，參陳國球：〈「文化匱乏」與「詩性書寫」──林庚《中國文學史》探索〉，載所著《文學史書寫形態與文化政治》（北京：北京大學出版社，2004年），頁107-147。

　　林氏指出，曹植的佳句「江介多悲風」、「明月照高樓」、「高
臺多悲風，朝日照北林，之子在萬里，江湖迴且深」等，「都是
建安中最高的風致，但他的特殊的成就還有待於他的氣質的表
現」，又全文引錄〈名都篇〉，並評論說：

> 詩情如高山流水或斷或續，我們讀起來，只覺得變化
> 莫測，卻不知道這變化從何而來，彷彿一陣清風帶著
> 我們在千山萬水中飛行，我們藉著這風的力量，才留
> 戀而不沾滯，感傷而能超脫，他所以領導了眾人，而
> 成為詩壇崇高的成就。[50]

從「氣質的表現」和這一段抒情意味濃重的文字看來，曹植的「建
安風力」是他個人獨有的稟賦，「領導」並不意味他和「眾人」相
似。「同時的建安七子：孔融，陳琳，王粲，徐幹，劉楨，應
瑒，阮瑀，在詩上的貢獻都不甚多」，「劉楨是其中最能追步子
建的」，然而林氏評論劉楨時說：「作風緊嚴，所謂『清剛』之
氣，正與子建的風流異曲同功。」[51]可見所謂「追步」是指成就可
堪比較，而非風格一致，[52]曹植仍是獨特無偶的。本章下文兩次
並言「風力」、「天才」：「建安中因子建的影響，而成為一個個性

50　林庚：《中國文學史》，頁99。

51　同上注，頁100。

52　這和一般人的看法不同。《詩品》評曹植「骨氣奇高，詞彩華茂」，論者多認
　　為前四字與評劉楨的「仗氣愛奇，動多振絕。貞骨凌霜，高風跨俗」是同一
　　意思。參曹旭《詩品集注》有關曹植和劉楨的部份（頁97-117）。

天才的時代，這正如詩壇的彗星，望塵莫及；⋯⋯所以建安的風力是憑天才的，正始的詩篇是在修養的成熟上。」其他同時代的詩人都沒有曹植的天才和氣質，這裏的「影響」只是就後人對建安時代的印象而言。本章完全沒有提到曹操，至於曹丕在文學史上的意義，則是開啟了陸機等太康詩人「對純美的追求」。[53]

到了1954年出版的《中國文學簡史》（11），林氏對「建安風力」的解釋就截然不同了。本書第七章逕直名為〈建安時代〉，在正文前面也是先列出大綱。大綱分為四個主項：「社會的動盪與建安文學」、「曹操曹丕」、「曹植」、「其他代表作家」，其下各有子目。子目裏仍有「建安的『風力』」，但卻是從屬於第一主項。林氏現在這樣解釋「建安風力」：

> 建安時代的文藝復興，非特恢復了古代的詩壇，而且喚起了無數的詩人，他們歌唱出這時代的脈搏，⋯⋯對於這些詩人，時代要求他們能解放自己的思想感情，歌唱出爽朗有力的詩篇，自然也就必須要求他們要有骨氣，這「骨氣」的形象的寫出，就是建安時代從來被讚美的「風力」。⋯⋯建安時代，舊的秩序是打破了，新的思想感情正在尋求，那坦率而解放的個性，這時就形成為建安風力的基礎，而且這一個追求，是在悲苦之中帶著反抗的意味出現的。它是在悲苦之中屈服變得脆弱，而是在悲苦中鍛鍊得更堅強；它不是

53　林庚：《中國文學史》，頁101、102。

低迴纏綿，而是爽朗有力；它是高原上的風，而不是
屋簷下的雨。所謂「高臺多悲風」，這就是建安的風力
或風骨的典型語言。它明朗樸質近於《國風》，奔放不
平近於《楚辭》，古代詩歌主要的兩股淵泉，到此便統
一為一個巨流。[54]

儘管這段話裏仍保留了一些「詩的」意象（「高原上的風」、「屋
簷下的雨」），作者對曹植「高臺多悲風」依舊鍾情，但「建安風
力」已經不再屬於個人。它是眾多（「無數」）詩人的集體風格，
源自共同的生活經驗，並且繼承了前代的文學傳統。所以曹
操、劉楨也具備了「建安風力」或「風骨」：

〔〈龜雖壽〉〕顯示出曹操的一種蒼茫的氣概，這也便是
建安風力的一面了。

而曹操是真正同情於這一股壓抑的力量的，這就是建
安的風力。

對於建安的風骨，劉楨是有所貢獻的。[55]

同一章裏，還提到曹丕、王粲、陳琳、蔡琰等人。曹丕〈燕歌
行〉「反映了建安那樣一個動盪解放的時代」；王粲〈七哀詩〉「反
映了戰爭中人民生活的悲慘」，〈登樓賦〉「故國的鄉土之情，與

54　林庚：《中國文學簡史》，頁150-151。
55　同上注，頁154、155-156、168。

游子的飄零，便代表了寒士階層一般的感情而流傳著」；陳琳
〈飲馬長城窟行〉「寫人民在勞役中被剝削的痛苦，是非常現實的
作品」；蔡琰〈悲憤詩〉「反映了人民在兵燹中的悲慘命運，……
它的感動人，正因為它是最現實的」。[56]這幾個作者雖然沒有和
「建安風力」直接連繫，但林氏對他們的稱讚，都指向時代的共
同經驗，與本書解釋「建安風力的基礎」是一致的。

　　比較林氏前後兩本文學史，可以看出兩者的敍述方法並不
相同。前者儘管早就設定了從啟蒙時代到黑暗時代的發展線
索，[57]〈自序〉也說過，「時代的特徵，應該是那思想的形式與人
生的情緒」──既是「時代特徵」，「思想」和「情緒」當然是集體
的──但在建安文學的例子裏，線索只穿過曹植一人，而曹植又
是天才秀出，絕異於同儕，怎能夠代表集體的思想形式與人生
情緒？至於後一本文學史，代表性的問題已有解決方案。該書
〈導言〉說：

> 文學是時代的鏡子，它所反映的時代生活，乃是這一
> 時代最核心的動態。……文學作品正以能反映時代的
> 生活而成為偉大的作品。而這樣的作品，其中所歌唱
> 的感情，也必然表現著人民的願望。……偉大的作品
> 正是這種願望上典型的表現。說到「典型」，這也就是

56　同注 54，頁160、167-170。

57　林書〈自序〉說「要參照過去〔文學〕主潮的消長興亡」，來尋覓將來的主潮，
　　又說「把許多條線索揉成一根巨繩，這便是一個文學史上主潮的起伏」。本
　　書序言無頁碼。

最普遍的，最有創造性的藝術表現；一個作家的獨創
性越高，他的作品也就越有普遍性，屈原就是最明顯
的例子。[58]

在今天看來，模倣論的文學觀自然大可商榷，衡量作品是否偉
大也難有統一的標準，但在兩者都沒有爭議的時代，林氏這一
說法正好填平了作家個人才能和時代普遍感受之間的鴻溝，代
表作家不僅是同一時代藝術水平最高的一位，還是最能代表時
代面貌的一位。「建安風骨」就是基於這種理解，成為建安時代
文學特徵的方便標籤。

　　本節開始時說過，把「建安風骨」理解為時代特徵並不始
於林庚《中國文學簡史》，王瑤、余冠英更早已提出了類似的說
法。王瑤〈曹氏父子和建安七子〉（8）說：

照中國文學史發展的情形說，同時代的文人們常常在
生活和作風上，都形成一個集團；所以〔不同時代〕作
品風格間的差異，也是時代的因素遠超過作者個性的
因素；因為如此，所以傳統的這些建安七子，竟陵八
友，唐初四傑，大曆才子等的名稱，實在是一最方便
和最簡單取巧的辦法。[59]

王氏也承認，「歷史畢竟不是數學，選出幾個人很難代表了當時

58　林庚：《中國文學簡史》，頁6-7。
59　王瑤：〈曹氏父子和建安七子〉，頁5。

文人的全部」，但「如果真要找出兩個當時最好的代表人物，自
然還是曹植和王粲」，理由在於：「這裏我們所謂最好的代表有
兩層意思，一是他的作品在同輩中成就最高，一是在他的作品
中最容易看出一般的共同時代特徵。在這兩重意義上，曹子建
和王仲宣都是適合的；特別是曹子建。」[60]

「成就最高」和「最容易看出一般的共同時代特徵」這兩個條
件為甚麼可以同時落實，文中沒有交代，卻多次確認曹植和王
粲的代表性，例如：

> 建安文學的特點在這裏，曹子建的成就也在這裏。

> 這並不只是他〔王粲〕個人生活的經歷，也代表了當時
> 文人們所共同遭遇的命運。

> 曹子建王仲宣的文學才能也許比別人高，經驗和痛苦
> 比別人深，所以作品的成就比較大；但其所遭遇的基
> 本情況還是當時政治社會的一般情勢。因此他們作品
> 中所表現的特徵，也仍然建安文學的一般特徵。[61]

不過參考上述林庚《中國文學簡史》的〈導言〉，就不難得到解答
了。

王氏把「建安風骨」分為內容和形式兩方面：

60　同註 59，頁5、7。
61　同註 59，頁9、24-25。

在內容方面，因為建安是亂世，文人飽嘗流離，生活的感觸多，把這種感觸表現在詩裏，就多了一層「情」的成分，這就是「以情緯文，以文被質」〔案：出沈約《宋書‧謝靈運傳論》〕；也就是「風骨」，「慷慨」，和沈約所説的「子建仲宣，以氣質為體。」文心時序篇所解釋的「良由世積亂離，風衰俗怨，並志深而筆長，故梗概而多氣」，正是這一層意思。在形式方面，樂府源出民間，而這時的五言詩還未完全脫離了樂府的性質，所以不只是在表現上如樂府一樣地富於社會性，而且句法辭采也還是質樸有力，不像後來的雕鏤纖巧；比較自然，比較真實。……這「時代的」和「社會的」兩重內容和形式上的特徵，就構成了建安文學的「以氣質為體」的「慷慨」。

這種悲涼清越的慷慨情緒，實在是建安文人的生活特徵，因而也就成了建安詩文的時代特徵了。[62]

從這兩段引文可以進一步看到王瑤與林庚後期説法接近的程度。他們不僅把「建安風骨」視為時代特徵，而且同樣從內容（生活經驗）和語言兩方面來描述，並不約而同把內容排在前面。其實「表一」列於王瑤〈曹氏父子與建安七子〉之後的著作，絕大部份都把「建安風骨」解釋為一種源於社會、政治的共同感

62　同注 59，頁11-12、13。

情特徵，而這種感情又以相類的語言形式呈現在文學作品中，差別只在於特徵內涵的具體説明。[63]

1957 年出版的《中國文學史教學大綱》（14）作為國家頒佈

63　王瑤1954年的文章〈魏晉五言詩〉（10）把「社會性」改換成「人民性」和「現實主義精神」（頁15），余冠英〈論建安曹氏父子的詩〉（12）也採用了類似的術語。羊列榮《20世紀中國古代文學研究史‧詩歌卷》認為林庚的解釋帶有浪漫主義情調，王瑤和余冠英則偏向現實主義（頁114-115）。金達凱〈試論建安詩〉（17）刊登在香港一份親國民黨的雜誌上，金氏對「建安風骨」的解釋避開了「人民性」、「現實主義」等用語，如「他們的詩篇有對現實感嘆的內容」（頁19），但基本理解和大陸學者沒有分別。劉大杰（15）和其他論者的不同，在於他把建安文學分為兩類，各有特徵：「建安時代的詩歌中，有一部分作品，還能保存樂府詩中那種特有的現實的社會的色彩。……所謂『建安風骨』，『以情緯文，以文被質』和『慷慨悲涼』這些語句來讚美建安文學，是應該從這方面來理解的。」（頁251）至於另一部分作品，「卻現出玄虛的情調，成為兩晉文學的先聲」（頁253）。這些特徵仍然是集體性的。表面看來差異最大的是北大中文系學生編寫的《中國文學史》（19），這本書否定了「建安風骨」的代表性：「前人（始於鍾嶸《詩品》）用『風骨』（或『風力』）概括建安文學的特質，那只是從『慷慨激昂』這種風格著眼，因而是片面的，林庚在他的《中國文學簡史》裏更把『風骨』玄虛化，加進抽象的反抗性和個性解放的精神，並形式主義地來聯繫一些含有『風』字的詩句，像『高樹多悲風』『高臺多悲風』『瑟瑟谷中風』等等，大加侈談，而對那些帶著深沉的感情反映著苦難現實的詩篇卻輕描淡寫地略略帶過，這完全是形式主義、主觀主義的分析，對建安文學面貌是很大的歪曲。」（頁137）但這裏只是反對用「風骨」來概括建安文學的特點。該書在同一段的前面説：「內容的現實性、深刻的社會意義、深沉悲涼的感情和形式的通俗性，是建安詩歌的特色。文人在當時戰爭生活中的遭遇和體驗，以及對樂府民歌現實主義精神和活潑多樣的形式的學習，是形成這個特色的原因。」（頁137）以上對建安文學的描述，和林庚、王瑤等的模倣論沒有基本差異。該書在出版翌年馬上開始修改，同年9月由北京的人民文學出版社出版。本書〈前言〉説，「修改工作得到我系老師的指導」，「老師們謹嚴持重，一絲不苟的治學態度，更為我們樹立了從事科學工作的榜樣」（頁3），林庚正是北大中文系的教師。修訂本的更動頗大，批評「風骨」和林庚的文字都刪去了，並把建安文學特色重述為：「一、反映動亂的社會面貌與人民喪亂之痛苦；二、慷慨激昂地歌唱建立統一局面的理想。」（頁230）新版本仍然沒有使用「建安風骨」，但與林、王的差距愈發微不足道了。

的標準，較其他著作更有權威，它對「建安風骨」的説明值得特別提出。《大綱》第四篇「魏晉南北朝文學」的第一章是〈緒論〉，其下第一節是「建安文學的特徵」，包括四點：

（1）建安文學，詩歌佔著主要地位。詩歌的特色是普遍接受樂府民歌的影響。五言詩的鞏固與發展。

（2）建安風骨的實質：現實性與反抗性，內容形式的統一，繼承詩經、樂府歌辭的優良傳統。

（3）文學批評風氣的展開。

（4）抒情賦的發展。[64]

由此可見《大綱》仍然不脱模倣論（現實性）、強調政治立場（反抗性）等當時流行的觀點。[65]《大綱》出版後，高等教育部本來還有編寫文學史的計劃，[66]可惜書沒能編出來，不然的話，《大綱》起草者怎樣把「建安風骨」和具體的作家、作品聯繫起來，或許

64　《中國文學史教學大綱》，頁60-65。

65　《大綱》「導論」中「中國文學史的目的和任務」，其中一項是「説明重要作家、作品和當時社會的關係及在文學發展中的作用」；「研究文學史的態度和方法」下，則有「確認文學是社會意識的一種形態，它的階級性和社會教育意義」一點（頁5）。兩者合起來，即作家、作品如何體現時代的社會、政治面貌問題。又，《詩經》、樂府的優良傳統就是現實主義，《大綱》：「詩三百篇是中國文學現實主義長河的源泉。民歌系統的漢樂府發揚了詩三百篇的優秀傳統。」（頁18）。

66　沈玉成、高路明〈楚辭研究的集大成者游國恩〉一文説：「次年，高等教育出版社出版了《中國文學史教學大綱》，高教部又組織有關學者在青島把大綱擴大充實成書，但隨著『反右』運動的開始，這一工作不得不半途而廢，以致使那本《大綱》竟在相當長的一段時間內發揮了預先所沒有想到的作用。」（頁447）載王瑤（主編）：《中國文學研究現代化進程》（北京：北京大學出版社，1996年）。

可以看得更清楚。

四、「時代精神」與文學史寫作

上文追溯了「建安風骨」怎樣由毫不重要的用語，變成很多文學史家偏愛的「時代特徵」概念。「時代特徵」與源自西方的「時代精神」概念很有關係。據韋勒克、華倫的《文學理論》，德國的精神史（Geistegeschichte）假設每個時代都有它的「時代精神」（time spirit），呈現在由宗教到服飾的種種事物上，目標是通過這些形跡把「時代精神」重構出來。借助這一概念，研究者可以探知事物背後的整體（totality），並詮釋所有事實。這就是說，上述的精神史假定所有文化活動和其他活動有一種緊密而和諧的關係。[67]十九世紀的西方文學史家不少採納了這種假想，包括泰納（H. A. Taine）、勃蘭兌斯（G. M. C. Brandes）、朗松（G. Lanson）等。[68]這些都是中國文學史家熟悉的名字，例如鄭振鐸就曾在《插圖本中國文學史》裏推許泰納和勃蘭兌斯的文學史觀，[69]劉大杰也在 1941 年出版的《中國文學發展史》上卷〈自序〉

67　René Wellek and Austin Warren, *Theory of Literature*, 3rd ed.（London: Jonathan Cape, 1966），p.119.

68　參陶東風：《文學史哲學》（鄭州：河南人民出版社，1994年），頁63。

69　鄭振鐸《插圖本中國文學發展史》（上海：上海世紀出版集團，2005年）的〈緒論〉說：「像寫作《英國文學史》（公元1864年出版）的法人太痕（Taine, 1828-1873），用時代、環境、民族的三個要素，以研究英國文學的史的進展的，已很少見。北歐的大批評家，勃蘭兌斯（G. Brandes）也更注意於一支『文學主潮』的生與滅，一個文學運動的長與消。」（頁2）鄭書1932年由北平樸社出版。鄭氏對泰納和勃蘭兌斯觀點的運用，可參董乃斌等（主編）：《中國文學史學史》（石家莊：河北人民出版社，2003年），第二卷，頁66-68。

裏引用過朗松〈論文學史的方法〉，並這樣申述：

> 文學便是人類的靈魂，文學發展史便是人類情感與思
> 想發展的歷史。人類心靈的活動，雖近於神祕，然
> 總脫不了外物的反映，在社會物質生活日在進化的途
> 中，精神文化自然也是取著同一的步調，……文學史
> 者的任務，就在敍述他這種進化的過程與狀態，在形
> 式上，以及那作品中所表現的思想與情感。並且特別
> 要注意到每一個時代文學思潮的特色，和造成這種思
> 潮的政治狀態社會生活學術思想以及他種種環境與當
> 代文學所發生的聯繫和影響。[70]

劉氏這段文字沒有直接使用「時代精神」，但他認為社會物質生
活和精神文化以「同一的步調」進化，正與上述精神史的假定一
致。事實上中國傳統的文學演變觀幾乎都屬於社會決定論，[71]而
《左傳》季札觀樂的故事也和「時代精神」重構有些相似之處。[72]
不過，文學史這種新鮮的著述體裁，怎樣把文學演變的觀點貫
徹到敍述裏，就是另一回事了。

70　劉大杰：《中國文學發展史》，中華書局1949年版；收入《民國叢書》第二編
　　第58冊（上海：上海書店，1990年），頁1。據1957年版的〈新序〉，本書上卷
　　成於1939年，由中華書局在1941年出版。〈自序〉末署「民國二九年九月」，
　　可見這原是上卷的序。

71　參陶東風：《文學史哲學》，頁14。

72　《左傳·襄公二十九年》記吳公子季札在魯觀樂，「概括了各部分詩樂的風
　　格特徵，並由此探討了它們的產生地區的民情風俗、各諸侯國的政治狀態
　　及其前途」，見顧易生、蔣凡：《先秦兩漢文學批評史》（上海：上海古籍出
　　版社，1990年），頁45。

本文第二節引述沈達材的《建安文學概論》，其中已有「時代精神」，但沈氏沿用胡適的說法，只就語言的白話化、民歌化立論，沒有明確地把文學和社會連繫起來。有意思的是，「時代精神」也見於胡適《白話文學史》。此書的〈引子〉記載：「前天有個學生來問我道：『西洋每一個時代有一個時代的文學；一個時代的文學總代表那一個<u>時代的精神</u>。何以我們中國的文學不能代表時代呢？』」這個學生口中的「時代的精神」顯然是精神史上的「時代精神」了，但胡適回答說，究竟「拿那假古董的古文來代表時代呢？還是拿〔白話文的〕《水滸傳》與《金瓶梅》來代表時代文學呢？」[73]關注的仍然是語言。駱玉明〈關於胡適的《白話文學史》〉說：

> 大致胡適所持的理論觀點主要是歷史進化論。但白話文學的歷史進化，其核心價值的增長表現在甚麼地方呢？作者似乎並未加以必要的注意。……大抵胡適對語言工具的變革看得最重，而周作人多強調文學所傳達的人文精神。[74]

以上評論也適用於沈氏。

本文第三節討論過的王瑤、林庚等的著作，都沒有正式使用「時代精神」一詞，但解釋「建安風骨」正是採用精神史的方

73　胡適：《白話文學史》，頁2-3。

74　同上注，頁12-23。

法。[75]時代精神體現在作品上，成為作品的時代特徵，時代精神
又隨着社會發展的階段而變化。到了上世紀五十年代，社會發
展的學說定於馬克斯主義一尊，文學史家只好在既定的社會史
分期下進行討論了。[76]但「時代精神」畢竟是假定的概念，無法
在現實社會中客觀辨認，[77]也不可能沒有和時代精神不符合甚至
相反的東西，這就為文學史家提供了發揮的空間。劉大杰早就
呼籲：「要集中力量於代表作家作表作品的介紹，……因為那些
作家與作品，正是每一個時代的文學精神的象徵。」但他也指
出，「這種工作，是艱難而又危險的」。艱難在於材料繁雜，剪
裁處理難得圓滿；所謂危險，則在於：

> 文學史者最容易流於武斷的印象的主觀態度，隨著自己
> 的好惡，對於某種作品某派作家，時常發生不應有的偏
> 袒或譴責，因此寫出來的不是文學發展的歷史，而成為
> 文學的評論了。……但人類究竟是容易流於主觀與情
> 感的動物，所以在這一點上，我恐怕仍是失敗了。[78]

75　《中國文學史教學大綱》對曹操詩歌特色的說明，有一點是「慷慨悲涼之
　　音，時代精神的反映」（頁63），這是這批材料中，唯一使用「時代精神」的。
76　最初還有文學史應該根據文學本身還是社會基礎來分期的爭論，不久就
　　統一為按社會基礎分期了。當時的文獻可參陸侃如：〈關於編寫中國文學
　　史的一些問題〉，載所著《陸侃如古典文學論文集》（上海：上海古籍出版
　　社，1987年），頁28-44。陸文原刊於《光明日報‧文學遺產》第132期（1957
　　年）。後人的綜述可參魏崇新、王同坤：《觀念的演進——二十世紀中國文
　　學史觀》（北京：西苑出版社，2000年），頁121-23。韋勒克認為，即使沒有
　　政治壓力，由社會決定論轉換到馬克思主義主場，也是很自然的。參René
　　Wellek, *A History of Modern Critcism: 1750-1950*（London: Lowe and Brydone,
　　1966）, vol. 4, p.28。
77　參陶東風：《文學史哲學》，頁52。
78　《中國文學發展史‧自序》，頁1-2。

誰是代表作家？哪些是有代表性的作品？這裏涉及選擇和詮釋
的問題，主觀的態度恐怕無可避免。從這段文字看來，劉大杰
對文學史的寫作非常清醒，他無法預言的，只是五十年代以後
個人的主觀竟變成了集體的主觀。

　　回頭看鄭振鐸的《插圖本中國文學史》，雖然鄭氏採用了勃
蘭兌斯的「主潮」觀念，但沒有在代表性問題上多花筆墨。鄭書
第十章「建安時代」提及的作者包括曹操三父子、孔融、王粲、
徐幹、應瑒、繁欽、繆襲，介紹這些作者的篇幅長短不同，但
沒有說哪一位可以代表其他人，更沒有說到作者的共同時代特
徵是甚麼。[79]林庚撰於四十年代初的《中國文學史》也與鄭書相
似。[80]排比以上資料，我們可以得到這樣的結論：把「時代精神」
貫徹到文學史敍述裏，大概始於三十年代後期，[81]而到了五十年
代，則幾乎成為唯一的敍述方法。[82]

　　當代英國文學史家Patterson這樣總括精神史方法的缺失：

> 出於用歷史語境去提供闡釋可靠性的願望，十九世紀
> 文學歷史主義決定論認為，文化的每一部分都受到整

79　相反鄭氏特別指出作者之間的差別，例如：「他〔曹植〕的詩雖無操之壯烈
　　自喜，卻較操更為蒼勁；無丕之嫵媚可喜，卻較丕更為婉曲深入。」（頁
　　149）

80　無獨有偶，林氏的《中國文學史・自序》也使用了主潮的説法。林書和勃蘭
　　兌斯的關係，可參董乃斌等：《中國文學史學史》，第二卷，頁74。

81　劉大杰《中國文學發展史》上卷在1939年撰成。

82　本文考察的主要對象是曾使用「建安風骨」的文學史著作，不是全部文學史
　　著作，所以只能提出敍述方法轉變的大致時期。

體價值的支配。因此它尋找著時代精神，尋找那些支
配了某一歷史時期文化活動的價值，以同類甚至是整
體的術語來構建其決定性的歷史語境。這一關於過去
的同類性闡述是民族愛國主義所激發的，它壓制了一
個文化整體中不同的聲音，……基於歷史材料的方法
論構築一個歷史時期意識，然後把歷史意識放回到文
學之中，結果便是，文學不能表達除「歷史」認可的東
西之外的事情。[83]

中國文學史和民族主義的關係，已經有很多人討論過了，[84]這裏
不擬重複。至於壓制不同的聲音，其實即劉大杰所説的「主觀態
度」，也即代表性的問題。參考Patterson的思路，我們可以説，
把「建安風骨」視作時代精神的表現或時代特徵並不妥善。最大
問題是，在循環論證中把建安文學給簡化了。以下用幾個例子
略作説明。

　　劉師培《中古文學史》有一段區別漢魏文學特色的著名論
斷：「魏文與漢不同者，蓋有四焉。書檄之文，騁辭以張勢，
一也。論説之文，漸事校練名理，二也。奏疏之文，質直而屏
華，三也。詩賦之文，益事華靡，多慷慨之音，四也。」[85]王瑤

83　Frank Lentricchia、Thomas McLaughin (編)、張京媛等 (譯)：《文學批評術
　　語》(*Critical Terms for Literary Study*)（香港：牛津大學出版社，1994年），頁
　　342-343，「文學史」條（Lee Patterson撰）。

84　參戴燕：《文學史的權力·前言》，頁2。

85　《劉申叔遺書》，1936年本（南京：江蘇古籍出版社，1997年），下冊，頁
　　2377。卷首題作《中國中古文學史講義》。

〈曹氏父子與建安七子〉的最後一節曾予引述，並補充說：

> 可知他〔劉師培〕是分別各種文體來說明和以前不同的
> 現象的。「騁辭」是指如陳琳阮瑀等的繁富鋪張的書檄
> 公文；華靡是指多慷慨之音的詩賦。……劉氏指出了
> 這些文學史上的現象，原可寶貴；但我們上面所述的
> 建安文學的基本特徵，卻並不簡略；這因為我們現在
> 既不注重分別文體來說明，而這些現象之所以存在，
> 又都可從前面的分析中得到了它的解釋。[86]

王氏非常準確地指出兩種文學演變分析的差別：是否把文體（文
類）的因素考慮在內。[87]既然建安文學裏不同的文類各有特徵，
即使把詩賦（其實是五言詩）看作時代的主流文類，它的特徵也
不能說是更「基本」從而可以視為代表其他文類。王氏的話反過
來理解，正好顯示「時代特徵」論的缺點就是忽略文學的形式，
結果導致某些文類被壓制了。

　　再看看陸侃如、馮沅君的《中國文學史簡編》，問題的癥結
更清楚。本書在 1957 年修訂之前，原採用「分體合編」的寫法，
建安文學分別在「三國六朝的詩」和「散文的進展」（上、下）三

86　《中古文學風貌》，頁26。

87　羊列榮《20世紀中國古代文學研究史》也認為劉師培「偏於形式特徵的分
　　析，對『慷慨之音』與社會狀況的關係，未加強調」，後來魯迅〈魏晉風度及
　　文章與藥及酒之關係〉才「凸出了這種關係」（頁114）。

講裏敍述。[88]書中沒有提到建安詩和賦的整體特徵。[89]散文方面，「〔孔融〕論說之文已『漸檢〔校〕練名理』，頗尚清峻」；「論者稱此時的文風『梗概多氣』，『雅好慷慨』，似即為陳〔琳〕阮〔瑀〕一派而發。總之，由淵雅和緩到清峻馳騁，這便是『建安文學革易前型』的處所」。[90]由於是「分體合編」，各種文類（體）不相雜廁，一種文類的特徵就不至於掩蓋其他文類的特徵了。但是到了1957年的修訂版，卻改為先分時代、再按文類來敍述的模式。修改的原因陸侃如在〈關於編寫中國文學史的一些問題〉透露了端倪：

> 平心而論，以「橫切」〔案：即先分時代、再按文類來
> 敍述〕為主，要比以「豎切」〔案：即分體合編〕為主
> 強些。既然是要說明文學發展的歷史，自然應該按照
> 年代的先後來安排篇章。如果強調了體裁的區別，讀
> 者的注意力就會集中在文學不同樣式的不同演進情況
> 上，無形中會忽視了文學作為一個整體來考察的歷史
> 過程，也會不由自主地埋沒了傑出作家在整個文壇上
> 所起的全部作用。所以，在會上〔案：指高等教育部召

88　陸侃如、馮沅君：《中國文學史簡編》（上海：開明書店，1938年3版）。本書
　　初版在1932年面世，中華人民共和國成立前重印了八版。

89　只是在「散文的發展（上）」說「漢賦少短篇，尤少抒情」，曹植、王粲則多抒
　　情、詠物的小賦，「自曹王以後，辭賦不僅是獻媚主上的工具，牠也是文人
　　自由抒寫的一種東西，體裁較玲瓏，而內容則更擴大，更複雜了」（頁110）。

90　陸侃如、馮沅君：《中國文學史簡編》，頁121-122。

開的中國文學史教學大綱討論會〕最後大家大都同意在
教學大綱裏以「橫切」為主。[91]

「橫切」便於把文學視為一個整體，掃除文類（文學因素）的干
擾，就把上層建築的變化徹底從屬於社會基礎的變化。[92]這顯然
更符合當時理解的馬克思主義文藝觀，[93]所以《中國文學史教學
大綱》最終採用了這種模式。有趣的是，陸氏雖然表示同意「橫
切」，但這篇文章卻用了很長的篇幅為「豎切」辯護。

　　「時代特徵」論的另一種壓制效果表現在作品的選汰和解釋
上。「建安風骨」的大致內涵（例如反映現實、慷慨）設定之後，
不符合規定的作品甚至作者就會被各種辦法處理掉，如不選
入，説成沒有代表性，或通過詮釋讓作品、作者重新符合規定
等。[94]以其他研究取向學者的論述作對照，更容易發現被壓制的
聲音，例如鄧仕樑認為建安時代的文學觀，其中一點是建安作
者重視文學的趣味性和遊戲性，[95]這顯然在「建安風骨」的範圍

91　陸侃如：《陸侃如古典文學論文集》，頁33。

92　陸氏的上文説：「一些研究歷史的朋友認為，……歷史分期的是與非，應該
　　取決於社會基礎的變化如何，而不應該根據某一種上層建築的情況。另外
　　一些研究文學的朋友認為，這樣是拿歷史的框子來套文學，而忽視了文學
　　本身的發展。」（頁30）

93　後來有些西方馬克斯主義理論家認為，馬克思並不主張上層建築直接由生
　　產方式決定。參特里·伊格爾頓（Terry Eagleton）（著）、文寶（譯）：《馬克
　　思主義與文學批評》（*Marxism and Literary Criticism*）（北京：人民文學出版
　　社，1980年），頁12-20。

94　當然「反映現實」、「慷慨」這些詞語的內涵也不是完全固定的。

95　鄧仕樑：〈建安時代的文學觀念〉，《中國文哲研究通訊》第二卷第二期（1992
　　年6月），頁38-44。

以外。由此聯繫曹植的〈名都篇〉：

> 名都多妖女，京洛出少年。寶劍直千金，被服麗且
> 鮮。鬥雞東郊道，走馬長楸閒。馳騁未能半，雙兔過
> 我前。攬弓捷鳴鏑，長驅上南山。左挽因右發，一縱
> 兩禽連。餘巧未及展，仰手接飛鳶。觀者咸稱善，眾
> 工歸我妍。我歸宴平樂，美酒斗十千。膾鯉臇胎鰕，
> 炮鱉炙熊蹯。鳴儔嘯匹侶，列坐竟長筵。連翩擊鞠
> 壤，巧捷惟萬端。白日西南馳，光景不可攀。雲散還
> 城邑，清晨復來還。[96]

林庚《中國文學簡史》說：「一方面寫那些少年人的天真可愛，一
方面又為這些少年只能整日在遊獵中一顯身手而惋惜，這正是
曹植自己生活的寫照。……曹植的心即使批評這些少年人，也
是同情的愛護的批評。」[97]林氏「惋惜」、「批評」云云，大概就倒
數第三、四句頗有時光易逝之意而發。但時光易逝和詩人否定
遊獵之樂是兩回事，〈古詩〉有「晝短苦夜長，何不秉燭遊。為
樂當及時，何能待來茲」之論，[98]〈名都篇〉不是正好和曹植及其
他建安作者表現趣味性和遊戲性的作品構成一個重要的類型？

　　又如曹丕的〈燕歌行〉很難說具備慷慨、現實或反抗等「建

96　見趙幼文：《曹植集校注》（北京：人民文學出版社，1984年），頁484-485。
97　林庚：《中國文學簡史》，頁164。
98　見逯欽立：《先秦兩漢魏晉南北朝詩》，頁333。

安風骨」的內涵,《中國文學史教學大綱》只著眼於它的體裁。[99]
上世紀六十年代初由中國科學院編寫的《中國文學史》評論的角
度要廣闊些:「全詩用一種如泣如訴的筆調,寫一個婦女在不眠
的秋夜中思念丈夫的心情,對那個女主人公的心理刻劃得相當
細緻、動人。詩的音節也很優美。這是現存較早的完整的七言
詩,對這種體裁的形成,曹丕是有貢獻的。」[100]但主要還是從七
言體裁的成立上肯定它。梅家玲則把它和前後時代的文人創作
「思婦文本」聯繫起來,[101]論證這些作品「成為一匯集了多重理
念與情感的美學典型」,並「融入既有的文學(以及文化)傳統之
中,對後人產生一定的規範力量」。[102]從這一角度看,〈燕歌行〉
的意義就不僅在於體裁了,它的主題、寫作方式在建安時代都
是典型之作。

　　其實當代有些把「建安風骨」視作時代特徵的論者,對作品
的感覺非常敏銳,不大拘泥於整體性,如徐公持分析上述兩篇
詩作時,也提出非常接近的看法。[103]但正是這些明達之見,讓我

99　《大綱》:「〈燕歌行〉在詩史上的地位。七言詩體的起源與完成。」(頁63)
100　中國科學院文學研究所中國文學史編寫組:《中國文學史》(北京:人民文學
　　出版社,1962年),第一冊,頁192。
101　僅是建安文人,就可以舉出曹植〈七哀詩〉、〈棄婦詩〉、〈雜詩〉(西北有織
　　婦),徐幹〈室思〉、〈情詩〉等「思婦文本」。
102　梅家玲〈漢晉詩歌中「思婦文本」的形成及其相關問題〉,載所著《漢魏六朝
　　文學新論——擬代與贈答篇》(臺北:里仁書局,1997年)。
103　徐公持《魏晉文學史》:「〔〈名都篇〉〕篇中對鬥雞走馬、馳騖宴飲的少年貴
　　遊生活,極盡描繪誇飾之能事,而所用第一人稱語氣,更顯出自鳴得意神
　　氣,無所掩飾,這正是曹植的性格作風。……此外,曹植尚有〈鬥雞〉、〈公
　　宴〉、〈侍太子坐〉、〈箜篌引〉、〈贈丁翼〉等詩,〈遊觀賦〉、〈娛賓賦〉等賦,

們更感受到「建安風骨」術語對研究建安文學的束縛。[104]

五、結論

從以上的分析可見，「建安風骨」作為文學的時代特徵，是文學史寫作方式變化的結果。這種變化大約始於上世紀三十年代後期，定型於五十年代，所以本文討論的資料，至五十年代末為止。儘管中國文學史家一開始就有「考鏡源流」的自覺，[105]認識和實踐的差距畢竟需要時間克服。朱自清在 1947 年回顧中國文學史編著的歷史時說：

> 早期的中國文學史大概不免直接間接的以日本人的著述為樣本，後來是自行編纂了，可是還不免早期的影響。這些文學史大概包羅經史子集直到小說戲曲

皆為貴遊之作。它們構成曹植前期文學創作的一大門類，也是他文學生涯的一大景觀。眾多的貴遊作品，是他鄴城時期『雲散還城邑，清晨從來還』的縱放生活的寫照。」（頁74）又：「曹丕詩歌今存四十餘首。就題材而論，大概可分三類，即紀軍事、述遊宴、擬寫各色人物。……曹丕擬作詩中最優秀的是〈燕歌行〉，……在建安文人擬作的所有思婦詩中，這無疑是最佳篇章。因此它受到後世尤其是六朝文人的普遍景慕，做作者不絕。」（頁53-56）

104 《魏晉文學史》：「要之，尚氣，慷慨，悲情，是建安文學情感取向方面的特徵，它與文學內容的真、高、剛、直特徵，構成建安風骨的重要兩翼。唯因有了風骨的支撐，建安文學遂臻於『蔚彼風立，嚴此骨鯁』（《文心雕龍·風骨》）的境界。」（頁17）

105 葛兆光〈陳列與敍述──讀謝无量《中國大文學史》〉認為早期的中國文學史「基本上是中國傳統的『目錄學』與『史傳體』的自然延伸」，載陳平原、陳國球（主編）：《文學史》第一輯（北京：北京大學出版社，1993年）。「辨章學術，考鏡源流」，語出章學誠〈《校讎通義》敍〉，見葉瑛：《文史通義校注》（北京：中華書局，1985年），附《校讎通義》，頁945。

八股文，像具體而微的百科全書，缺少的是「見」，是「識」，是史觀。敍述的綱領是時序，是文體，是作者；缺少的是「一以貫之」。這二十多年來，從胡適之先生的著作開始，我們有了幾部有獨見的中國文學史。[106]

胡適《白話文學史》以白話文學的進化為「一以貫之」的線索，敍述的資料才不致零碎如流水帳。朱文原是林庚《中國文學史》的序言，他所説的幾部有獨見的文學史，包括鄭振鐸《插圖本中國文學史》、劉大杰《中國文學發展史》上卷，當然還有林庚的《中國文學史》，各書貫串的線索各有不同。後來的情況表明，劉大杰的線索成為通行的模式。可是「時代精神」式的文學史不一定要選擇「建安風骨」作為標籤，[107]所以這個術語的流行，多少有些偶然。

在中國大陸，文學史允許採用的文學觀念，從五十年代起基本上固定下來，直至八十年代，政治對學術的控制轉趨寬鬆，不同形式的文學史再次大量出版，[108]現實主義的文學觀逐漸失去

106　朱自清：〈甚麼是中國文學史的主潮？〉，載朱喬森（編）：《朱自清全集》（南京：江蘇教育出版社，1988年），第三卷，頁208。本文是林庚《中國文學史》的序言，文末署「三十六年五月」。

107　劉大杰《中國文學發展史》的初版就沒有使用「建安風骨」，後來吉林大學中文系中國文學史教材編寫小組編著的《中國文學史稿》（長春：吉林人民出版社，1961年）也只説：「慷慨悲涼是這一時期的詩歌的共同風格。」（頁197）

108　參《中國文學史學史》，第二卷，頁102-103。

絕對優勢，「建安風骨」也隨之而出現多種不同的解釋。[109]但正如上文指出的，時代特徵建基於文學史家對代表性的處理，一旦主流和非主流的區分失去共識，時代特徵的內涵自然言人人殊，而且誰都無法說服誰。然而，新一代的研究者沒有放棄這個概念，[110]恐怕是因為尋找時代特徵的研究模式一時仍無法擺脫。

文學史家需要把大量作者、作品安頓在清晰的敍述脈絡上，這和文學閱讀追求豐富義蘊背道而馳，拿捏分寸之難絕非旁觀者所能體會。每個時代都有認識上的限制，何況還有種種學術以外的制肘，本文實在無意以後見之明唐突前輩，謹節錄兩段文字作結：

> 「中國文學史」在講述歷史的同時，也瓦解了歷史，在揭示文學性的同時，也損壞了文學性，這個問題其實很早就有人意識到了。

> My opinion is, then, that we cannot write literary history with intellectual conviction, but we must read it.[111]

109　劉躍進《中國古代文學通論・魏晉南北朝卷》說：「如果我們將20世紀五六十年代流行的說法稱之為『現實說』的話，那麼近二十多年來盛行的觀點則可稱之為『覺醒說』。」（頁117）羊列榮《20世紀中國古代文學研究史・詩歌卷》列舉八十年代以來徐公持、趙昌平、郁賢皓、張國星、錢志熙諸家之說，也都超出了現實主義的範圍。

110　搜尋「中國期刊全文數據庫」和「萬方數據資源系統」等互聯網上的學術資料庫，可以發現以建安風骨為時代特徵的著作在近年仍不斷面世。

111　《中國文學史學史》第二卷，頁89；David Perkins, *Is Literary History Possible?* (Baltimore and London: The Johns Hopkins University Press, 1992), p.17。

晚清至二十世紀五十年代末與建安文學有關的文學史著作一覽

凡例

一、本表列出晚清以至上世紀五十年代末與建安文學有關的文學史著作。1949 年前的著作據陳玉堂《中國文學史書目提要》（合肥：黃山書社，1986 年），1949 年至 1959 年的著作據吉平平、黃曉靜《中國文學史著版本概覽》（瀋陽：遼寧大學出版社，1992 年），另補入錢基博《中國文學史》一種。

二、著作依照陳玉堂的分類，但只列出通史、斷代史、分類史（韻文、美文、詩、散文、婦女文學）幾個與建安文學可能有關的類目。

三、出版資料據陳玉堂和吉平平、黃曉靜的著錄，但只列初版年份，一書多冊分別出版者，只列含有建安文學一冊的出版年份。查閱之版本如與出版資料欄所載不同，則另外列出。

四、確知曾有大幅修訂者，除初版外也檢查修訂版，以獨立條目列出。

五、論文集（以上二書收錄者除外）及期刊不列出。

六、符號說明：X 代表原書未見，O 代表原書已閱，✔代表有「建安風骨」。

查閱情況	書名	作者	出版資料	查閱版本
通史				
X	中國文學史	黃人著	國學扶輪社印行，約 1905 年前後出版	
O	中國文學史	林傳甲著	武林謀新室出版，日本宏文堂印刷，宣統二年（1910）六月初版	陳平原輯《早期北大文學史講義三種》，北京：北京大學出版社，2005 年（影印武林謀新室 1914 年 6 版）
X	歷朝文學史	竇警凡著	光緒三十二年（1906）出版	
X	中國文學史講義	許指嚴編	商務印書館，估計出版時間當在清末	
X	中國文學史（附中國文學史參考書）	王夢曾編纂	商務印書館印行，1914 年 8 月初版	
O	中國文學史（附訂正本）	曾毅著	上海泰東圖書館出版，1915 年 9 月初版	臺北：文史哲出版社，1977 年。案：此本有曾毅民國十八年七月〈修正中國文學史弁言〉。
X	中國文學史	張之純編纂	商務印書館印行，1915 年 12 月初版	
O	中國文學史要略	朱希祖著	北京大學出版部出版，1916 年出版	陳平原輯《早期北大文學史講義三種》（影印北京大學一年級講義本〔鉛印〕，正文前有作者 1920 年 10 月自敘）
X	中國文學史綱	錢基厚著	錫成公司代印，1917 年 8 月出版	
O	中國大文學史	謝无量著	中華書局印行，1918 年 10 月初版	上海：中華書局，1931 年
O	文學蜜史	褚石橋著	1919 年出版，無出版處	臺北：廣文書局，1976 年（影印初版）

X	中國文學史	不詳	無印刷者及出版年份	
O✓	中國文學史	葛遵禮著	上海會文堂新記書局出版，1920 年 12 月初版	上海：會文堂新記書局，1928 年
O	中國文學變遷史	劉貞晦、沈雁冰合編	集成公司印刷，中國圖書集成公司代發行，1921 年 12 月初版	上海：新文化書社，1934 年
X	新著國語文學史	凌獨見編	商務印書館印行，1923 年 2 月初版	
O	中國文學沿革概論	李振鏞著	上海大東書局，1924 年 2 月初版	上海：大東書局，1925 年
O	中國文學通評	胡懷琛著	上海大東書局發行，1923 年 10 月初版	上海：大東書局，1923 年
O	中國文學史略	胡懷琛著	梁溪圖書館，1924 年 3 月初版	上海：梁溪圖書館，1926 年
O	中國文學史	劉毓盤著	上海古今圖書店印行，1924 年 8 月初版	上海：古今圖書店，1924 年
O	中國文學源流	胡敏寰著	商務印書館印行，1924 年 9 月初版	臺北：商務印書館，1971 年
X	中國文學史	易樹聲著	1924 年金陵大學鉛印	
O	本國文學史	汪劍余編	上海歷史研究社，1925 年 4 月初版	臺北：廣文書局，1980 年
O	中國文學史大綱	譚正璧著	光明書局，1925 年 9 月初版	香港：光明書局，1957 年（正文前有〈改訂十二版自序〉）
X	中國文學史略論	龔道耕著	1925 年成都薛氏崇禮堂刊本	
X	中國平民文學概論	曹聚仁編	梁溪圖書館印行，黃濟惠發行，1926 年 8 月初版	
O	中國文學史大綱	顧實編著	商務印書館印行，1926 年 11 月初版	上海：商務印書館，1928 年
O	中國文學批評史	陳鐘凡著	中華書局印行，1927 年 4 月初版	上海：中華書局，1927 年
O	文學大綱	鄭振鐸著	商務印書館印行，1927 年 4 月初版	上海：商務印書館，1927 年

X	國語文學史（附錄五十年來中國之文學）	胡適著	北京文化學社印行，1927 年 4 月初版	
O	中國文學沿革第一瞥	趙祖抃著	光華書局出版，1928 年 1 月初版	
O	中國文學小史	趙景深著	上海光華書局出版，1928 年 1 月初版	上海：大光書局，1937 年 3 月
X	白話文學史大綱	周群玉著	1928 年上海群學社出版	
O	白話文學史（上卷）	胡適著	新月書店，1928 年 6 月初版	上海：上海古籍出版社，1999 年
O	中國文學述評	李笠著	雅成學社，1928 年 8 月初版	
X	中國文學概論（上編）	胡雲翼著	上海啟智書局印行，1928 年 10 月初版	
O	中國文學 ABC	劉麟生著	世界書局印行，1929 年 5 月初版	上海：世界書局，1932 年
X	中國文學概論（卷上）	段凌辰著	瑞安集古齋書社發行，上海中華書局印刷，1929 年 7 月初版	
O	中國文學進化史	譚正璧著	光明書局出版，1929 年 9 月初版	
X	中國文學史	胡小石著	上海人文社股份有限公司發行，自刊，1930 年 3 月初版	
X	中國文學史（上）	穆濟波著	上海樂群書店和北平分店發行，1930 年 3 月初版	
X	中國文學史綱	蔣鑒璋著	上海亞西亞書局出版	
X	中國文學史講義	李劼人著	於 1930 年前在四川講學時編	
O	中國文學史綱	歐陽溥存編	商務印書館印行，1930 年 8 月初版	臺北：臺灣學生書局，1976 年

O✓	中國文學流變史	鄭賓于著	北新書局印行，1931 年出版（中冊）	鄭州：中州古籍出版社，1991 年（重印北新書局 1936 年版）
O	中國文學論略	陳彬龢著	商務印書館印行：1931 年 1 月初版	
X	中國文學概論	陳懷著	上海中華書局印行，1931 年 2 月初版	
O	中國文學史概要	胡懷琛編	商務印書館印行，1931 年 8 月初版	長沙：商務印書館，1941 年
X	中國文學史大綱	陳冠同編	上海民智書局發行，1931 年 11 月初版	
X	中國文學史綱要	賀凱著	北平文化學社印行，1931 年 12 月初版	
O	新著中國文學史	胡雲翼著	北新書局印行，1932 年 4 月初版	上海：北新書局，1935 年
X	中國文學史講話	胡行之著	光華書局出版，1932 年 6 月初版	
O	中國文學史	劉麟生著	上海世界書局印行，1932 年 6 月初版	
X	中國文學史解題	許嘯天著	上海群學社出版：1932 年 7 月初版	
O	中國文學史簡編	陸侃如、馮沅君合著	大江書鋪，1932 年 10 月初版	上海：開明書店，1938 年 3 版
O	插圖本中國文學史	鄭振鐸著	北平樸社出版和發行，1932 年初版	北京：作家出版社，1957 年
O	中國文學史	劉大白著	大江書鋪，1933 年 1 月初版	
O	中國文學史講話	陳子展著	上海北新書局印行，上中下三冊，上冊 1933 年 3 月初版，中冊 1933 年 9 月初版，下冊 1937 年 6 月初版	
O	中國文藝變遷論	張世祿著	商務印書館印行，1933 年 3 月初版	

X	中國文學史綱	童行白著	大東書局，1933 年 4 月初版	
X	中國文學史大綱	康璧城著	上海廣益書局印行，1933 年 5 月初版	
O	中國文學史表解	劉宇光著	上海光華書局印行，1933 年 6 月初版	
X	中國文學史綱	譚丕模著	和濟印書局印刷，北新書局發行，1933 年 8 月出版	
X	中國文學體系	馬仲殊著	樂華圖書公司印行，1933 年 11 月初版	
X	中國文學史略（上）	齊燕銘編	1933 年編寫此講義	
X	中國文學史綱要	鄭作民著	上海合眾書店出版，1934 年 4 月初版	
O	中國文學批評史	郭紹虞著	商務印書館印行，1934 年 5 月出版上冊	上海：商務印書館，1947 年 4 版
O	中國文學概論	劉麟生編著	世界書局印行，1934 年 6 月初版	香港：南國出版社，1976 年
O	中國文學史話	梁乙真著	上海元新書局出版，1934 年 7 月初版	
O	中國文學批評史	羅根澤著	北平人文書店印行，1934 年 8 月初版	上海：古典文學出版社，1957 -1961 年
X	新著中國文學史	林之棠著	北平華威書局發行，1934 年 9 月初版	
O	中國文學史分論	張振鏞著	商務印書館印行，1934 年 10 月初版	長沙：商務印書館，1939 年
X	中國文學講座		世界書局編印，1934 年 12 月初版	
O	中國純文學史綱	劉經庵著	北平著者書店出版，1935 年 1 月初版	上海：上海書店，1991 年（《民國叢書》影印初版）
X	中國歷朝文學史綱要	朱子陵著	無出版者，由北平炳林印書館印刷，1935 年 5 月出版	

X	中國純文學史	金受申著	文化社出版，二冊	
O	中國文學八論	劉麟生主編	世界書局印行，1936 年 6 月初版	
X	中國文學發展史大綱引論	李華卿著	神州國光社印行，1935 年 5 月初版	
X	中國文學史發凡	柳村任著	蘇州文怡書局發行，1935 年 8 月初版	
X	中國文學流變史論	張希之著	北平文化學社出版，1935 年 8 月初版	
O	(新編) 中國文學史（書脊無「新編」二字）	譚正璧編著	光明書局出版，1935 年 8 月初版	臺北：華正書局，1974 年（重印光明書局 1948 年版）
O	中國文學史大綱	容肇祖著	樸社出版，景山書社發行，1935 年 9 月初版	上海：開明書店，1947 年
O	中國文學史新編	張長弓著	開明書店印行，1935 年 9 月初版	
X	中國文學史新編	趙景深著	北新書局出版，1936 年 1 月初版	
O	中國文學史綱要	趙景深著	中華書局印行，1936 年 6 月初版	上海：中華書局，1940 年
X	中國文學史讀本	龔啟昌編	上海樂華圖書公司出版，1936 年 9 月初版	
X	中國文學史	霍衣仙、王頌三著	1936 年廣州商務印書館出版	
X	中國文學史大綱	不詳	不詳	
X	中國文學史	陳介白著	1937 年北京書店出版	
X	中國文學大要	不詳	不詳	
X	中國文學史集說及著作	孫延庚編著	無出版年月	

X	中國文學史綱	徐揚著	神州國光社出版	
O	中國文學史提要	羊達之編著	正中書局印行，1937 年 5 月初版	臺北：正中書局，1952 年
X	新著中國文學史大綱	何仲英著	1937 年商務印書館出版	
X	中國文學概要	林山腴著	蕭印塘校印。南京安徽中學出版，無出版年月，估計三十年代出版	
X	中國文學史述要	莫遠培著	國民大學出版	
X	中國文學史鈔（上）	劉厚滋著	無出版者，不著出版年月，估計在 1937 年輯成	
X	中國文學史論	張長弓著	本書未見原著，僅見作者另一本《中國僧伽之詩生活》書後所刊「在編著中」的廣告	
O	中國文學史大綱	楊蔭深著	商務印書館印行，1938 年 6 月初版	
O	中國文學史表解	張雪蕾著	商務印書館印行，1938 年 7 月初版	長沙：商務印書館，1939 年
X	中國文學概要	袁厚之編著	上海海雲文藝社發行，1938 年 10 月初版	
O	中國文學家列傳	楊蔭深編著	中華書局印行，1939 年 3 月初版	香港：光華書店，1962 年
O	中國文藝思潮史略	朱維之著	合作出版社出版，1939 年 6 月初版	澳門：合作出版社，1966 年
X	中國文學史通論	朱星元著	天津利華印務局印行，1939 年 5 月初版	
O	中國文學發展史	劉大杰著	中華書局印行初版，1941 年 1 月（上卷），1949 年 1 月（下卷）	上海：上海書店，1990 年（《民國叢書》影印 1949 年版，上卷疑即 1941 年版）
X	中國文學史	儲皖峰編	出版年月及出版者不詳	

O	中國文學史講話	施慎之著	上海世界書局印行，約 1941 年初版	臺北：文星書店，1965 年
X	歷代文學小史	田鳴岐著	奉天惠迪吉書局出版，1943 年 11 月初版	
X	中國文學源流	薄成名著	1943 年天水世界書局出版	
O	中國文學批評史大綱	朱東潤著	開明書店印行，1944 年 1 月初版	
O	十四朝文學要略	劉永濟著	中國文化服務社出版，1945 年 5 月渝初版	哈爾濱：黑龍江人民出版社，1984 年
X	中國文學史略論（書口無略論二字）	龔道耕著	1945 年成都薛氏崇禮堂刻本	
X	中國文學史	瞿方書著	出版年月不詳，收錄於《中國歷代名人辭典》	
O	中國文學批評通論	傅庚生著	商務印書館印行，1946 年 1 月重慶初版	臺北：華正書局，1975 年
O	中國文學史簡編	宋雲彬編	香港文化供應社出版，1947 年 3 月初版	香港：文化供應社，1949 年
O	中國文學史綱（第一分冊）	譚丕模著	桂林：文化供應社，1947 年	
X	中國文學史略	鮑文杰著	杭州中流出版社發行，約於 1948 年春出版	
O✓	中國文學史	林庚著	廈門大學出版，1947 年 5 月初版	
O	中國文學史	譚正璧著	光明書局 1948 年 5 月新一版	案：即《新編中國文學史》而刪去現代文學內容。
X	中國文學史略	葛存悫編	北平大同出版社發行，北大出版部印刷，1948 年 12 月初版	
O	中國古典文學理論批評史（上冊）	郭紹虞著	人民文學出版社，1959 年 11 月	

O	中國文學史簡編	陸侃如、馮沅君合著	作家出版社 1957 年 7 月修訂本	
O	中國文學史綱	譚丕模著	1954 年 11 月商務印書館出版	
O	中國文學史略稿	李長之著	五十年代出版社，1954 年 6 月（第二卷）	
O	中國文學史	柳存仁著	臺北莊嚴出版社，1979 年（吉、黃案語：原書尚未找到）	香港：大公書局，1956 年 3 月（案：此為初版）
O	中國文學史	詹安泰、容庚、吳重翰編	高等教育出版社，1957 年 8 月	
O✓	中國文學簡史	林庚著	上海文藝聯合出版社，1954 年 9 月	
X	中國古典文學簡史	陸侃如、馮沅君著	中國青年出版社，1957 年 4 月	
O✓	中國文學史教學大綱	中華人民共和國高等教育部審定	高等教育出版社，1957 年 8 月	
O✓	中國文學發展史	劉大杰著	古典文學出版社，1957 年 12 月	
O✓	中國文學史	北京大學中文系文學專門化 1955 級集體編著	人民文學出版社，1958 年 9 月初版	
O✓	中國文學史綱	譚丕模著	人民文學出版社，1958 年	
O	中國文學史	北京大學中文系文學專門化 1955 級集體編著	人民文學出版社，1958 年 9 月第二版	
X	中國文學史	復旦大學中文系古典文學組學生集體編著	中華書局，1958 年 12 月（上冊）	

O	中國文學史稿	吉林大學中文系中國文學史教材編寫小組編著	吉林人民出版社，1961 年 3 月（第一冊）	
O✓	中國文學史	錢基博著	北京：中華書局，1993 年	案：〈後記〉謂此書「據一九三九年前國立師範學院鉛字排印本重行刊印」。
斷代史				
O	上古秦漢文學史	柳存仁著	商務印書館印行，1948 年 8 月初版	上海：上海書店，1996 年（《民國叢書》影印初版）
X	古代文學史	陸侃如、馮阮君合著	據胡適〈《白話文學史》序言〉：不久就出版	
O	中古文學史（卷首書題《中國中古文學史講義》）	劉師培著	國立北京大學出版部印行，1920 年初版	《劉申叔遺書》，影印 1936 年本，南京：江蘇古籍出版社，1997 年
O	中古文學概論	徐嘉瑞著	上海亞東圖書館印行，1924 年 4 月初版	上海：亞東圖書館，1929 年
O	漢魏六朝文學	陳鐘凡著	商務印書館印行，1931 年 8 月初版	上海：上海書店，1996 年（《民國叢書》影印《萬有文庫》1929 年初版。案：可見陳玉堂著錄初版年份誤。）
O✓	建安文學概論	沈達材著	北平樸社出版，1932 年 1 月初版	上海：上海書店，1992 年（《民國叢書》影印初版）
O	漢文學史綱要	魯迅著	《魯迅三十年集》本，1941 年 10 月	北京：人民文學出版社，1958 年 4 月
X	魏晉六朝文學批評史	萬迪鶴著	獨立出版社出版，1941 年	
X	魏晉風流及其文潮	郭麟閣著	重慶紅藍出版社北平分社發行，1946 年 4 月北平初版	

O	魏晉六朝文學批評史	羅根澤編	商務印書館印行，1943 年 8 月重慶初版	上海，商務印書館，1947 年
O	中古文學思想（中古文學史論之一）	王瑤著	上海棠棣出版社，1951 年 8 月	
O	中古文人生活（中古文學史論之二）	王瑤著	上海棠棣出版社，1951 年 8 月	
O✓	中古文學風貌（中古文學史論之三）	王瑤著	上海棠棣出版社，1951 年 8 月	

分類史：韻文、美文

O	中國韻文通論	陳鐘凡著	上海中華書局印行，1927 年 2 月初版	臺北：中華書局，1959 年（臺 2 版）
O	中國韻文史	龍沐勛著	商務印書館印行，1934 年 8 月初版	香港：太平書局，1964 年
O	中國韻文概論	梁啟勳著	商務印書館印行，約於 1937 年、1938 年間出版	臺北：商務印書館，1967 年
O	中國韻文演變史	吳烈著	上海世界書局印行，1940 年 10 月初版	上海：世界書局，1940 年
O	中國之美文及其歷史	梁啟超著	中華書局印行，1936 年 3 月初版	北京：東方出版社，1996 年

分類史：詩

O	詩史	李維著	北平石棱精舍發行，1928 年 10 月初版	北京：東方出版社，1996 年
O	中國詩史	陸侃如、馮阮君著	大江書鋪印行，1931 年 1 月（上冊），7 月（中冊）	
X	中國詩史	曾仲鳴著	據臺灣《傳記文學》列目	
X	詩歌史	汪辟疆著	講義本，據龔啟昌《中國文學史讀本》附錄輯入	
O	中國詩詞概論	劉麟生編	世界書局印行，1933 年 8 月初版	

O	詩賦詞曲概論	丘瓊蓀著	中華書局印行，1934年3月初版	臺北：中華書局，1960年
X	詩史初稿	張壽鏞著	1943年自刊，據《七十六年史學書目》	
O✓	中國詩歌發展講話	王瑤著	中國青年出版社，1956年5月	
X	漢詩研究	古層冰著	上海啟智書局印行，1933年10月三版	
O	漢魏六朝樂府文學史	蕭滌非著	重慶中國文化服務社印行，1944年10月初版	北京：人民出版社，1984年
O	魏晉詩歌概論	郭伯恭著	商務印書館印行，1948年8月出版	上海：上海書店，1992年（《國民叢書》影印上海商務印書館1936年初版，可見陳玉堂著錄初版年份誤）
O	樂府文學史	羅根澤編	北平文化學社印行，1931年1月出版	臺北：文史哲出版社，1974年
X	樂府通史	王易編	神州國光社出版，約1933年	
分類史：散文				
O	中國散文概論	方孝岳著	世界書局印行，1935年12月初版	香港：南國出版社，無出版年份
O	中國散文史	陳柱著	商務印書館印行，1937年5月初版	臺北：臺灣商務印書館，1965年
分類史：婦女文學				
O✓	中國婦女文學史綱	梁乙真著	開明書店印行，1932年9月初版	上海：上海書店，1990年（《民國叢書》影印初版）

小計

已閱：100種

未見：69種

劉師培文學史觀念的轉變
——由「建安文學，革易前型」切入

一、《講義》與〈風度〉的分野

魯迅不取劉師培為人，也不以他保存「國粹」為然，[1] 但私下及公開提到劉師培的《中國中古文學史講義》（下稱《講義》）都有極高評價，尤其在〈魏晉風度及文章與藥及酒之關係〉（下稱〈風度〉）一文稱述最詳。[2] 魯迅在此文中把《講義》和嚴可均《全上古三代秦漢三國晉南北朝文》、丁福保《全漢三國晉南北朝

1　魯迅說：「中國國粹、雖然等於放屁、而一群壞種、要刊叢編、卻也毫不足怪。該壞種等、不過還想吃人、而竟奉賣過人肉的偵心探龍做祭酒、大有自覺之意。」見魯迅：〈致錢玄同〉（1918年7月5日），載《魯迅全集》（北京：人民文學出版社，1981年），第11卷，頁351。據《魯迅全集》注釋，「刊叢編」一事「疑指當時劉師培等計劃復刊《國粹學報》和《國粹彙編》」。又，劉師培「一九〇九年為清朝兩江總督端方收買，出賣革命黨人，辛亥革命後又投靠袁世凱，與楊度、孫毓筠等組織籌安會，為袁世凱稱帝效勞。他早年研究六朝文學，因南朝梁文藝理論家劉勰著有《文心雕龍》一書，故魯迅用『偵心探龍』代指劉師培」（頁352）。魯迅〈隨感錄三十五〉也批評「保存國粹」，見《魯迅全集》，第1卷，頁305-6；原刊於《新青年》第5卷第5號（1918年11月15日）。

2　〈風度〉說：「我今天所講，倘若劉先生的書裏已詳的，我就略一點；反之，劉先生所略的，我就較詳一點。」〈風度〉原為1927年在廣州的演講詞。〈致臺靜農〉（1928年2月24日）又說：「中國文學史略，大概未必編的了，也說不出大綱來。我看過已刊的書，無一冊好。只有劉申叔〔師培〕的《中古文學史》，倒要算好的，可惜錯字多。」兩文見《魯迅全集》，第11卷，頁609；第3卷，頁502。

詩》放在一起介紹，前二者是作品總集，《講義》則「輯錄關於
這時代的文學評論」。驟看一律視為資料集，但魯迅接着把漢末
魏初的文章風格歸納為清峻、通脫、華麗、壯大，這是全文第
一個重要論點，基本上承用了《講義》第三課「論漢魏之際文學
變遷」總述裏的用語，只把「華靡」、「騁詞」改為「華麗」、「壯
大」。魯迅又從「華麗」引伸出「文學的自覺時代」之説，認為略
似「為藝術而藝術（Art for Art's Sake）的一派」。[3] 這些説法後來
成為了研究魏晉南北朝文學的常識或起點，追根溯源，劉師培
的《講義》自然必須提上一筆。[4]

　　由於劉氏品德有瑕疵，他的等身著作在很長時間裏為學術
界所忽視。《講義》所以著名，顯然多得魯迅的稱許；而後人對
「建安文學，革易前型」也多是通過魯迅來理解。但從〈風度〉提
出的四點風格特徵，既可看出魯迅對《講義》的細緻體會，同時

3　《魯迅全集》，第 3 卷，頁 502、504。

4　學術界對「文學的自覺時代」説的推展和反思，可參耿祥偉：〈中古文學自
　　覺〉，載王國健（主編）：《世紀之交中國古代文學研究問題聚焦》（廣州：廣
　　東教育出版社，2007 年），頁 52-103。王風認為：「魯迅以曹丕時代為『文
　　學的自覺時代』應該就是來自劉師培的『建安文學，革易前型』，這一觀念
　　也由於魯迅的重新表述成為當今中國文學史觀的一部分，建安朝也被普遍
　　用作上古文學與中古文學的分界點。似乎這也就是劉師培浩繁文學論述中
　　唯一被繼承的遺產」。見王風：〈劉師培文學觀的學術資源與論爭背景〉，載
　　夏曉虹等：《文學語言與文章體式：從晚清到五四》（合肥：安徽教育出版
　　社，2006 年），頁 261-262。值得一提的是，孫明君發現日本漢學家鈴木虎
　　雄才是最早提出「文學的自覺時代」者，見孫明君：《三曹與中國詩史》（臺
　　北：商鼎文化出版社，1996 年），頁 113-114。然而戴燕卻認為林傳甲《中
　　國文學史》説治化之文和詞章之文從漢代以後開始分化，「跟後來文學史家
　　津津樂道的魏晉為文學自覺時代的結論，就及〔極〕其相似」。見戴燕：《文
　　學史的權力》（北京：北京大學出版社，2002 年），頁 175。

也表現了兩者文學史觀念的差異。《講義》的相關原文如下：

> 建安文學，革易前型，遷蛻之由，可得而說：兩漢之世，戶習七經，雖及子家，必緣經術。魏武治國，頗雜刑名，文體因之，漸趨清峻，一也。建武以還，士民秉禮，迨及建安，漸尚通侻。侻則侈陳哀樂，通則漸藻玄思，二也。獻帝之初，諸方棋峙，乘時之士，頗慕縱橫，騁詞之風，肇端於此，三也。又漢之靈帝，頗好俳詞（見〈楊賜、蔡邕傳〉）下習其風，益尚華靡，雖迄魏初，其風未革，四也。[5]

四點特徵都源自文學以外的因素，如政治人物提倡、一般社會風氣，明顯地站在他律論的立場。[6]〈風度〉也是如此。魯迅說：「董卓之後，曹操專權。在他的統治之下，第一個特色便是尚刑名。……影響到文章方面，成了清峻的風格。——就是文章要簡約嚴明的意思。」引文略去了說明曹操為何尚刑名的幾句，餘下的幾乎就是劉師培原話的語譯，另加上「清峻」一詞的白話解釋。至於「通侻」，魯迅說是「隨便之意」，源於漢末清流「講『清』講得太過，便成固執」，「個人這樣鬧鬧脾氣還不要緊，若治國平天

5　《講義》版本很多，本文用江蘇古籍出版社1997年複印的《劉申叔遺書》（下稱《遺書》）本，引文見頁2366，標點為筆者所加。

6　自律論和他律論是文學史研究的兩種模式，自律論認為文學演變的動力來自本身，他律論則認為文學演變由文學以外的因素決定，參陶東風：《文學史哲學》（鄭州：河南人民出版社，1994年），頁47。

下也這樣鬧起執拗的脾氣來，那還成甚麼話？所以深知此弊的
曹操要起來反對這種習氣」，「此種提倡影響到文壇，便產生多
量想說甚麼便說甚麼的文章」，[7]可見起因也在文學之外。

　　「華靡」在《講義》裏原指東漢靈帝時，鴻都門學寫作辭賦的
影響，發生於建安之前。[8]〈風度〉則認為曹丕首倡「華麗」之風，
以此區分操、丕時代的文學特色：曹操時是「清峻」、「通悅」，
曹丕時加上了「華麗」、「壯大」。劉、魯兩家之說，略有不同。[9]
魯迅又進一步把提倡「華麗」論證為「文學的自覺」：

> 丕著有《典論》，現已失散無全本，那裏面說：「詩賦
> 欲麗」，「文以氣為主」。……他說詩賦不必寓教訓，反
> 對當時那些寓訓勉於詩賦的見解，用近代的文學眼光
> 看來，曹丕的一個時代可說是「文學的自覺時代」，或
> 如近代所說是為藝術而藝術（Art for Art's Sake）的一

7　《魯迅全集》，第 3 卷，頁 502-503。

8　《講義》劉師培原注：「見〈楊賜、蔡邕傳〉。」案《後漢書》（北京：中華書
　　局，1965 年）〈楊賜傳〉：「〔賜曰〕鴻都門下，招會群小，造作賦說，以蟲
　　篆小技見寵於時」（頁 1780）。又〈蔡邕傳〉：「初，帝好學，自造〈皇羲篇〉
　　五十章，因引諸生能為文賦者。本頗以經學相招，後諸為尺牘及工書鳥篆
　　者，皆加引召，遂至數十人。侍中祭酒樂松、賈護，多引無行趣埶之徒，
　　並待制鴻都門下，憙陳方俗閭里小事，帝甚悅之，待以不次之位。」（頁
　　1991-1992）據〈靈帝紀〉，光和元年「始置鴻都門學生」，李賢注：「鴻都，
　　門名也，於內置學，時其中諸生，皆勑州、郡、三公舉召能為尺牘辭賦及
　　工書鳥篆者相課試，至千人焉。」（頁 340-341）

9　張朝富對鴻都門學有深入的論析，他認為由曹操開始，曹氏政權即與鴻都
　　門學的政治文化取向有千絲萬縷的聯繫。見張朝富：《漢末魏晉文人群落與
　　文學變遷——關於中國古代「文學自覺」的歷史闡釋》（成都：巴蜀書社，
　　2008 年），頁 113-183。

派。所以曹丕做的詩賦很好，更因他以「氣」為主，故
於華麗以外，加上壯大。[10]

引文之末的「壯大」，約略同於《講義》的「騁詞」。《講義》第三
課後的「附錄」收入禰衡〈弔張衡文〉，劉師培有案語云：

東漢之文，均尚和緩，其奮筆直書，以氣運詞，實自
衡始。〈鸚鵡賦序〉謂「衡因為賦，筆不停輟，文不加
點」，知他文亦然。是以漢魏文士，多尚騁辭，或慷慨
高厲，或溢氣坌涌，（孔融〈薦禰衡疏〉語）此皆衡文開
之先也。（孔融引重衡文，即以此啟。故融之所作，多
範伯喈，惟荐衡表，則效衡體，與他篇文氣不同）。[11]

〈風度〉則說：

〔孔融和禰衡〕早是「以氣為主」來寫文章的了。故在此
我們又可知道，漢文慢慢壯大起來，是時代使然，非
專靠曹操父子之功的。但華麗好看，卻是曹丕提倡的
功勞。[12]

儘管劉、魯對孔融和禰衡的文風異同看法不盡一致，但魯迅的
「以氣為主」仍是劉師培「以氣運詞」的意思，把「騁詞」換成「壯

10　《魯迅全集》，第3卷，頁504。
11　《遺書》，頁2372-2373。
12　《魯迅全集》，第3卷，頁506。

大」，只是令詞義更明晰。[13]

　　日後不少學者沿用「清峻」、「通侻」這些用語，如得魯迅親炙的臺靜農說，曹操的政治特色是名法，與兩漢儒術完全相反，「在這種政治作風之下，影響到文學方面的，便是清峻的風格。所謂清峻，即簡練明快的意思。其次便是尚通侻，即自由抒寫的意思」。[14] 臺氏解釋兩個詞語並不違背《講義》，但行文表達更接近〈風度〉。中古文學專家林文月是臺靜農的學生，所撰〈蓬萊文章建安骨——試論中世紀詩壇風骨之式微與復興〉，依從師說，認為清峻、通侻是曹操政治作風在文學上的影響。[15] 另一位學者唐翼明撰有〈論「通侻」——建安時代的思想解放與文學革新〉，是至今闡釋「通侻」最詳盡的論文。唐氏認為「通侻」本用來形容一種有意打破禮法的處世態度，這種態度的出現有其社會原因，而「作為意識形態方面的上層建築之一的文學，不僅在內容上必然反映那個時代的變化及其思潮，而且在形式上，在其自身變化的軌跡上也必然打上那個時代及其社會思潮的深刻的烙印」，[16] 所以漢末魏晉的文學創作內容、形式、體裁上，

13　「以氣為主」原出於曹丕的《典論‧論文》，原非「壯大」之意，曹丕的詩文風格也不以壯大見稱，魯迅的解釋並不正確。參樊善標：〈清濁陰陽辨——曹丕「以氣論文」再詮釋〉，載本書頁 9-52。

14　臺靜農：〈魏晉文學思想述論〉，載羅聯添（編）：《中國文學史論文精選》（臺北：學海出版社，1984 年），頁 395。

15　林文月：《中古文學論叢》（臺北：大安出版社，1989 年），頁 8。

16　唐翼明：《古典今論》（臺北：東大圖書公司，1991 年），頁 9。

都可以用「通侻」來解釋。這幾位學者的他律論立場與劉師培、魯迅一致，但提到的建安文學特徵，由四個減為兩個、一個不等，引發我們思考為甚麼這些特徵可多可少，它們之間究竟有甚麼關係。[17]

別具慧眼的是王瑤，他在〈曹氏父子與建安七子〉裏也引述了《講義》第三課的總述，但認為劉師培「是根據各種文體的現象來和兩漢比較說的」，「『清峻』指論說奏議各體文字的注重簡約嚴明；『通侻』指由偏狹的清節和道德觀念解放出來的士風對詩賦內容所產生的抒情詠懷的影響」。[18]《講義》本來還有以下一段話，引者不多，但王瑤也引用了：「魏文與漢不同者，蓋有四焉：書檄之文，**騁詞**以張勢，一也；論說之文，漸事校練名理，二也；奏疏之文，質直而屏華，三也；詩賦之文，益事**華靡**，多慷慨之音，四也。」[19] 這段話字面上已有「騁詞」、「華靡」；「校練名理」為刑名家的特徵，[20] 故即「清峻」；「多慷慨之音」則與「侻則侈陳哀樂」相通。此外還增加了「質直

17　臺靜農、林文月沒有提到華麗、壯大，唐翼明則說「『通侻』實在是建安文學最重要和最本質的特徵」（頁 24），但為甚麼「清峻」和「通侻」，或僅僅「通侻」，是最重要的特徵，卻都沒有交代理由。羅宗強指出：「當時士人也並非都尚通脫」，建安七子中的徐幹就「完全是和通脫相對立的」，同時的王昶、蔣濟、杜恕也都和徐幹相近。見羅宗強：《魏晉南北朝文學思想史》（北京：中華書局，1996 年），頁 12-14。

18　王瑤：《中古文學風貌》（香港：中流出版社，1957 年），頁 25-26。

19　第三課「附錄」最後一條案語，見《遺書》，頁 2377。

20　《文心雕龍‧論說》篇云：「魏之初霸，術兼名法；傅嘏王粲，校練名理。」見范文瀾：《文心雕龍註》（香港：商務印書館香港分館，1960 年），頁 327。

屏華」。這些風格分別屬於不同文類（文體），王瑤的根據正在此處。但他又批評說：

> 劉氏指出了這些文學史上的現象，原可寶貴；但我們
> 上面所述的建安文學的基本特徵，卻並不簡略；這因
> 為我們現在既不注重分別文體來說明，而這些現象之
> 所以存在，又都可從前面的分析中得到了它的解釋。[21]

所謂「建安文學的基本特徵」，指當時文人「悲涼清越的慷慨情緒」是他們的「生活特徵」，「因而也就成了建安詩文的時代特徵了」。[22] 王瑤很明白他和劉師培的分別，在於有沒有提出共同表現於各種文體（文類）的時代特徵。其實不僅王瑤、魯迅、臺靜農等和劉師培的分別也在於，是否把「文學」當作一個整體的概念來把握。

二、從「講義」到「文學史」

《講義》源於劉師培在北京大學開設的「中古文學史」課程。1917 年秋，劉氏應北大校長蔡元培之聘，任文科教授。翌年開設「中古文學史」，為本科二年級課程。[23] 再一年十一月，劉氏

21　《中古文學風貌》，頁 26。

22　同上注，頁 13。

23　萬仕國《劉師培年譜》（揚州：廣陵書社，2003 年）說：「1917-1918 學年擔任的課程有：中國文學（一年級、二年級，每週各三小時），中國古代文學史（二年級，每週三小時）。」（頁 262）又說：「本年〔1917 年〕，劉師培在北京大學講授中古文學史，並開始編輯《中國中古文學史講義》。」（頁 264）

逝世。北京大學出版部在 1923 年鉛印出版「中古文學史」的講
義，逕名為《中古文學史》，魯迅購得的當是這一版本。[24] 蔡元培
〈劉君申叔事略〉說：「余長北京大學後，聘君任教授。君是時病
瘵已深，不能高聲講演，然所編講義，元元本本，甚為學生所歡
迎。」[25] 此文為《劉申叔遺書》出版而作，固有美言的需要，這段
話用於《講義》卻非過譽，後來浦江清批評《講義》「僅輯材料，
不成史書」，顯然不公允。[26] 然而，如果讀者期待以敘述為主的

兩處不相應。其實劉師培任職北大期間，一直講授中古文學史，但課程的
名目曾經改變。查《北京大學日刊》，得知 1917-1918 學年的第一學期，劉
氏講授的課程確如萬仕國所列，但由第二學期開始，文本科修訂課程，劉
氏開授「中古文學史」，第三學期亦然。1918-1919 學年的三個學期也安排了
劉氏任教「中古文學史」，但《日刊》在 1918 年 9 月之後不再刊登各科的課
程表，所以不知道劉氏有沒有完成第二、三學期的教學。在 1917 年的舊課
程裏，一年級的「中國古代文學史（上古訖建安）」由朱遏先（希祖）任教，
二年級的「中國古代文學史」由朱遏先、劉申叔各教一班，三年級的「中國
近代文學史（唐宋訖今）」由吳瞿安（梅）任教，三科一脈相承，由此可知在
1917 年 9 月開學的舊課程第一學期，劉師培講授的本來就是中古文學。見
《北京大學日刊》（北京：人民出版社，1981 年）以下各期：1917 年 11 月 29
日、12 月 9 日、12 月 11 日、12 月 29 日、1918 年 1 月 5 日、4 月 12 日、9
月 14 日、9 月 26 日。

24　魯迅1924年5月23日的日記說：「買《中古文學史》、《詞餘講義》、《文字學形
義篇》及《音篇》各一本，共泉一元。」見《魯迅全集》，第14卷，頁498。又
《魯迅全集》第 15 卷「書刊注釋」：「〔《中古文學史》〕一冊。劉師培編著。
一九二三年北京大學出版部鉛印本，北京大學文科一年級教材。」（頁616）
此書實為二年級教材。

25　《遺書》，頁 18 上。

26　浦江清：〈鄭振鐸《中國文學史》〉，載《浦江清文史雜文集》（北京：清華大
學出版社，1993 年），頁 128。《講義》排列材料分門別類，都有用意，第
三、四、五課的總述，引錄資料後的案語等，都是劉師培自己的見解，並
非「僅輯材料」。

文學史體式，[27]《講義》卻要求他們「清醒而自覺地尋找脈絡與系統」，其間的確大有落差。[28] 晚近的學者出於補偏救弊，重新發掘早期文學史寫法的優點，[29] 他們的意見自有合理之處。不過必須明白，在劉師培心目中，《講義》並非文學史的完美形態，不能僅據此書來印證他的文學史寫作理念。劉師培在逝世前半年發表〈蒐集文章志材料方法〉一文，開首即說：

> 文學史者，所以考歷代文學之變遷也。古代之書，莫備于晉之摯虞。虞之所作，一曰《文章志》，一曰《文章流別》。志者，以人為綱者也；流別者，以文體為綱者也。今摯氏之書久亡，而文學史又無完善課本，似宜仿摯氏之例，編纂《文章志》、《文章流別》二書，以為全國文學史課本，兼為通史文學傳之資。[30]

27　葛兆光指出早期的中國文學史採用「陳列」式寫法，臚列相關作者的傳記、篇章及評語；西洋文學史和後來的中國文學史則採用「敍述」式寫法。見葛兆光：〈陳列與敍述——讀謝无量《中國大文學史》〉，載陳平原、陳國球（主編）：《文學史（第一輯）》（北京：北京大學出版社，1993 年），頁 351-355。

28　這是葛兆光對「陳列」式文學史的看法。葛氏又指「敍述」式的文學史「用彬彬有禮的所謂『敍述』強加於人，把一部文學史『佔為己有』並仍掛著『史』的招牌」。見葛兆光：〈陳列與敍述〉，頁 354。

29　如周月亮說：「讀這部書像走入一條關於中古文學的卡片長廊」，認為「這種做法的確更凸現了史本身」。見周月亮：〈輯錄與案語——讀劉師培《中國中古文學史》〉，載陳平原、陳國球主編：《文學史（第二輯）》（北京：北京大學出版社，1995 年），頁 340。

30　《遺書》，頁 1655 下。原刊《國故月刊》，第 3 期（1919 年 5 月）。原刊資料據萬仕國：《劉師培年譜》，頁 280。

在 1906、1907 年間劉師培曾編寫倫理、經學、中國地理等教科書多種，[31] 每課內容簡短淺白，大抵適用於小學至初中。[32]〈蒐〉文的「全國文學史課本」不知道設定在甚麼程度，但劉氏編纂《文章志》的原則，卻是旁蒐博採歷代文獻，[33] 這裏所說的「課本」顯然與教科書不同。《講義》徵引廣洽完備，符合〈蒐〉文的原則，全書核心的第三至五課中，前兩課都以「變遷」為標題，第五課雖名為「概略」，但「總論」一節仍是從文學變遷的角度來組織材料、附加案語。[34] 這樣看來，《講義》似乎近於《文章流別》。但〈蒐〉文又說《文章志》和《文章流別》只是撰寫「通史文學傳之資」，《講義》當然未符合理想。可惜劉氏不久病逝，來不及編纂《文章志》，遑論實踐撰寫「通史文學傳」的大計了。

31　《遺書》錄入《倫理教科書》、《經學教科書》、《中國文學教科書》、《中國歷史教科書》、《中國地理教科書》，萬仕國《劉申叔遺書補遺》（揚州：廣陵書社，2008 年；下稱《補遺》）增錄《江甯鄉土歷史教科書》、《江甯鄉土地理教科書》、《江蘇鄉土歷史教科書》、《江蘇鄉土地理教科書》、《安徽鄉土歷史教科書》。其中《中國文學教科書》內容實為文字、聲韻、訓詁之學。劉師培編寫教科書年份據萬仕國《劉師培年譜》所列各書敍發表日期推斷（頁 90-91、132-135）。

32　《中國地理教科書‧凡例》言「以備高等小學及中學第一年之用」（《遺書》，頁 2273）。各鄉土歷史及地理教科書則遵照〈奏定學堂章程〉編寫，供初等小學第一、二年（地理教科書則兼包第三年上學期）之用，見《補遺》，頁 465、495、505、543、554。

33　〈蒐〉文提出從四個方面蒐集材料：「就現存之書分別采擇也」、「就既亡各書鉤沈摭逸也」、「古代論詩評文各書必宜詳錄也」、「文集存佚及現存篇目必宜詳考也」，又一再強調採輯務須窮盡一切有用資料，如「全史之文，均應按卷披閱，其涉及文學者，單句隻詞，均宜摘采」、「凡漢魏六朝逸史，以及既佚子書，均宜博采」。見《遺書》，頁 1655-1656。

34　《講義》各課標題如次：第一課「概論」、第二課「文學辨體」、第三課「論漢魏之際文學變遷」、第四課「魏晉文學之變遷」、第五課「宋齊梁陳文學概略」。

然而上過劉氏課的楊亮功回憶說：

> 劉申叔先生教中古文學史，他所講的是漢魏六朝文學
> 源流與變遷。他編有「中國中古文學史講義」。但上課
> 時總是兩手空空，不攜帶片紙隻字，源源本本地一直
> 講下去。聲音不大而清晰，句句皆是經驗之言。[35]

《講義》主要是輯錄資料，但劉氏授課並非照本宣科。[36]《講義》沒
有把資料聯綴起來，編織進整段的敍述文字裏，講課時卻有很多
發揮，甚至以己見為主，儘管與後來學者要求的「一以貫之」仍有
距離。[37] 羅常培上過劉氏好幾門課，有詳細的筆記，可惜只出版
了《漢魏六朝專家文》和兩篇《文心雕龍》的「口義」。[38] 現在考
察劉師培後期的文學史觀念，只能由《講義》入手，但是不能拘

35　楊亮功：《早期三十年的教學生活》（臺北：傳記文學出版社，1980 年），頁
　　15。

36　馮友蘭也有類似的記述：「蔡元培聘請劉師培為中國文學教授，開的課是
　　中國中古文學史。我也去聽過一次講，當時覺得他的水平確實高，像個老
　　教授的樣子，雖然他當時還是中年。他上課既不帶書，也不帶卡片，隨便
　　談起來，就頭頭是道。援引資料，都是隨口背誦。當時學生都很佩服。他
　　沒有上幾課，就病逝了。」見馮友蘭：《三松堂自序》（北京：人民出版社，
　　1998 年），頁 310。最後一句不正確，考辨已見上文。

37　例如第一課「概論」和第二課「文學辨體」，在《講義》裏用來界定「文」的範
　　圍，即「偶詞韻語」，但第三至五課談論的都不止是「文」，還有非偶詞韻語
　　的「筆」。朱自清說早期的中國文學史，「敍述的綱領是時序，是文體，是
　　作者；缺少的是『一以貫之』。」見朱自清：〈甚麼是中國文學史的主潮？〉，
　　載朱喬森（編）：《朱自清全集》（南京：江蘇教育出版社，1988 年），第 3
　　卷，頁 208。

38　羅常培記他在大學第二年（1917-1918），「用功的重心放在劉師培先生的中
　　古文學和中古文學史上面。在講堂要把他的『口義』用速記記錄，回家後

泥於其體式，畢竟從《講義》到「講課」再到「通史文學傳」，已
隔了不止一重的關係。

三、文學變遷的方向

　　劉師培說文學史的任務是「考歷代文學之變遷」，這是很恰
當的概括，問題複雜之處是怎樣詮釋「變遷」。劉氏早年主張文
學有一固定的變遷方向，1905 年發表的〈文章原始〉說：

又逐字逐句地翻譯成文言。現在我雖然保留一部最完整的筆記，預備編成
《左盦全集》所沒收入的《左盦文論》四卷，可是在當年真不知道花了多少
冤枉功夫」。見羅常培：〈自傳〉，載楊揚等（選編）：《學人自述》（杭州：
杭州大學出版社，1998 年），頁 268。《漢魏六朝專家文研究》、〈文心雕龍
頌贊篇〉〔案：據羅氏〈自傳〉，篇目當作〈《文心雕龍‧頌贊篇》口義〉、
《文心雕龍‧誄碑篇》口義〉，皆收於《補遺》。羅常培又說：「曩年肄業北
大，獲從儀徵劉申叔先生研究文學。不賢識小，輒記錄口義，以備遺忘。
遇有闕漏，則從亡友天津董子如（威）兄抄補。日積月累，遂亦哀然成帙。
綜計兩年之所得，有（一）群經諸子、（二）中古文學史、（三）文心雕龍及
文選、（四）漢魏六朝專家文研究四種。總名為『左盦文論』。廿年以來，
奔走四方，興趣別屬，稿置行篋，理董未遑。友人知有此稿者，每從而索
閱。二十五年，錢玄同先生為南桂馨氏輯刻《左盦叢書》，亦欲以此刊入，
均以修訂有待，未能應命。非敢敝帚自珍，實恐示人以璞。今值《國文月
刊》編者余冠英先生頻來索稿，乃囑趙君西陸將《文心雕龍》箚記一卷抽暇
校訂，陸續刊佈，藉以慰劉、錢兩先生及亡友董君。至於《漢魏六朝專家
文研究》，則另於《文史雜誌》發表云。」見羅常培：〈弁言——左庵文論之
四〉，載《補遺》〈文心雕龍頌贊篇〉前，頁 1553。考《北京大學日刊》，除了
「中國古代文學史」和「中古文學史」外，劉師培在文本科講授的科目還有：
1917 學年第一學期「中國文學」（一、二年級），第二、三學期「古代文學」
（一、二年級合班），1918 學年「文」（三年級），出處同注 23。《補遺》另收
錄《中國文學講義概略》一冊，為劉氏在北大授課時發給學生的講義，據其
目錄，包括《尚書》、《毛詩》、《春秋左氏傳》、《春秋國語》、《三禮經記》、
《諸子》、《楚辭》、《國策及周秦雜文》。該冊缺後三種。《漢魏六朝專家文》
及兩篇《文心雕龍》口義，或為1918學年三年級「文」的筆記。

降及唐代，韓、柳嗣興，始以單行易排偶，<u>由深趨淺，由簡入繁</u>，由駢儷相偶之詞，易為長短相生之體，與詩歌易為詞曲者，其理相同（詩由四言而五言，由五言而七言，由七言而有長短句，遂為詞曲）。昔羅馬文學之興也，韻文完備，乃有散文，史詩既工，乃生戲曲（見澀江保《羅馬文學史》）。而中土文學之秩序，適與相符，乃事物進化之公例，亦文體必經之階級也。（事物之理，莫不由簡而趨繁，何獨於文字而不然乎？）[39]

「由深趨淺，由簡入繁」都指詩文的句式從偶語變為單行。這一段話雖然是說唐代文章，但既謂「進化之公例」，自然不限於一個時代。劉氏更從日本人的《羅馬文學史》中發現，中西文學的進化次序相同，稱為「公例」就更有根據了。[40]劉氏同年又撰〈論文雜記〉，其第二篇云：

英儒斯賓塞耳有言：「世界愈進化，則文字愈退化。」夫所謂退化者，乃由文趨質，由深趨淺耳。及觀之中

39　《遺書》，頁 1646。

40　晚清思想界常把他們介紹的西方新思想稱為公理、公例，以表示此為普遍性的知識、真理，但往往未有充份考察。參王中江：《進化主義在中國》（北京：首都師範大學出版社，2002 年），頁 134-136。又，李帆列出劉師培徵引過的西方和日本著作、學者，屬於文學類的只有澀江保《羅馬文學史》一種，見李帆：《劉師培與中西學術——以其中西交融之學和學術史研究為核心》（北京：北京師範大學出版社，2003 年），頁 83-87。劉氏的外國文學知識恐怕不大豐富。

國文學，則上古之書，印刷未明，竹帛繁重，故力求
簡質，崇用文言。降及東周，文字漸繁；至於六朝，
文與筆分；宋代以下，文詞益淺，而儒家語錄以興；
元代以來，復盛興詞曲。此皆語言文字合一之漸也。
故小說之體，即由是而興，而《水滸傳》、《三國演義》
諸書，已開俗語入文之漸，陋儒不察，以此為文字之
日下也。然天演之例，莫不由簡趨繁，何獨於文學而
不然？[41]

斯賓塞耳（Herbert Spencer）是英國社會學家，也是第一個把生物
進化論應用於人類社會的學者，後人稱其學說為社會進化主義，
劉師培曾多次引用他的言論。[42] 清末社會進化主義風靡朝野，李
帆認為「中國學者在清末引入西方社會學，首先系統介紹的便
為斯賓塞學說」，原因「恐與其所闡釋的進化論密切相關」。[43] 實
際上時人最熱心的是把「天擇說」轉用於民族救亡圖存的討論，
他們所理解的「進化論」已經和達爾文的生物學觀點十分不同

41　《遺書》，頁 711。

42　劉師培《攘書》、〈論小學與社會學之關係〉、〈論古學出於史官〉、〈周末學術
　　史序〉，都徵引斯賓塞《社會學原理》（馬君武譯，少年中國新叢書之一，少
　　年新中國社 1903 年印），〈論小學與社會學之關係〉、〈周末學術史序〉、《經
　　學教科書》皆徵引《群學肄言》（嚴復譯，文明編譯書局於 1903 年出版），〈小
　　學發微補〉、《倫理教科書》、〈無政府主義之平等觀〉、〈論中土文字有益於
　　世界〉皆引斯賓塞之言。見李帆：《劉師培與中西學術》，頁 71-87。Spencer
　　一般譯為斯賓塞，除引文外，本文採用一般譯法。

43　李帆：《劉師培與中西學術》，頁 91-92。

了，[44] 而這種對「進化」的理解又滲透到更大的範圍，文學正是其一。[45] 劉氏這裏引述斯賓塞的話未能查得出處，但由於對文字「由簡趨繁」的評價不同，竟至斥之為陋儒，很符合劉氏早年激烈的作風。[46] 在劉氏心目中，深淺、簡繁、文質這三組對立的概念是同一歷程的不同描述，「文字」與「文學」的變化互為表裏，所以上面那段話開始時說「文字」「由文趨質，由深趨淺」，總結時則說「文學」「由簡趨繁」。劉氏把深淺等概念納入駢散的對立中，又把由駢到散的變化說成文類演變和文學進化的次序，可見劉氏的文學進化其實是文字（語言）體式的變遷。錢基博把劉師培的主張總結為「論小學為文章之始基，以駢文實文體之正宗，本於阮元者也」，並引錄〈文章原始〉全文為證，[47] 但從本節

44　王中江詳細討論了嚴復對赫胥黎（Thomas Henry Huxley）和斯賓塞兩種進化論詮釋的取捨，赫胥黎的 *Evolution and Ethics* 拒絕把達爾文的理論運用到社會領域中，嚴復翻譯了此書，即著名的《天演論》，但他更欣賞斯賓塞的社會進化主義。見王中江：《進化主義在中國》，頁 62-69。楊照指出，達爾文的「天擇」本來指同種之間的競爭，後人把它和另一位生物進化論學者拉馬克（Jean Baptiste Pierre Antoine de Monet de Lamarck）的「演化方向」說結合起來，競爭變為在異種之間進行，由此產生了一種影響深遠的社會觀念，即高等的生物有權利淘汰低等的生物。見楊照：《還原演化論──重讀達爾文《物種起源》》（臺北：麥田出版，2009 年），頁 122。這種社會觀念在晚清以降的國人看來，深刻地反映了民族的危機。

45　胡適的白話文學觀是最著名的例子，參胡適（編選）：《新文學大系‧建設理論集》（上海：上海文藝出版社影印上海良友圖書印刷公司 1935 年初版，2003 年），〈導言〉，頁 1-32。

46　劉師培曾撰〈論激烈的好處〉，原刊《中國白話報》，第 6 期（1904 年 3 月 1 日），署名「激烈派第一人」；收入李妙根：《劉師培論學論政》（上海：復旦大學出版社，1990 年），頁 335-338。

47　錢基博：《現代中國文學史》（北京：中國人民大學出版社重印作者第四版增訂本，2007 年），頁 105。

之初引用的劉氏言論可見，他在推尊駢文之外，還深受社會進化主義的影響，兩者時起衝突，無法融貫為一。

　　阮元推尊駢文之說見於所著〈文言說〉、〈文韻說〉、〈書梁昭明太子文選序後〉等篇。阮元認為「古人無筆硯紙墨之便」，「以口舌傳事者多」，「是必寡其詞，協其音，以文其言，使人易於記誦」，寫成文章亦須如此。孔子撰《易・文言》既押腳韻，又用偶句，可謂「千古文章之祖」。[48] 因此，凡稱為「文」的，都要符合聲、色要求，即「在聲為宮商，在色為翰藻」。這裏的「聲」已擴展為文章的韻律，所以阮元宣稱「四六乃有韻文之極致」；[49] 但「文」的起源僅追溯至孔子，孔子以前的文獻怎樣處理？阮元說：

> 凡以言語著之簡冊，不必以文為本者，皆經也，子也，史也；言必有文，專名之曰文者，自孔子《易文言》始。……凡說經講學，皆經派也；傳志記事，皆史派也；立意為宗，皆子派也；惟沈思翰藻，乃可名之為文也。[50]

48　阮元：〈文言說〉，載舒蕪等（編選）：《近代文論選》（北京：人民文學出版社，1959 年），頁 100。

49　阮元：〈文韻說〉，見舒蕪等編選：《近代文論選》，頁 104、102。該文把〈文言說〉的「協其音」推展至「押腳韻」以外的「章句中之音韻」，並認為「昭明所選不押韻腳之文，本皆奇偶相生而有聲音者，所謂韻也」。

50　〈書梁昭明太子文選序後〉，載《近代文論選》，頁 105-106。

原來阮元的「文」是與「經」、「史」、「子」同一層次的類目，他所爭的是與「文」這一類目之「名」相副的「實」，而他的論爭對手則是當時聲勢浩大以「古文」為號召的桐城派。[51] 劉師培繼承了阮元以駢文對抗桐城古文的立場，[52] 但他的「文」廣泛涵蓋一切文字著作。〈文章原始〉歷敘上古至唐代文章體式的變化，由語言、文字的關係說起：「積字成句，積句成文。欲溯文章之緣起，先窮造字之源流。」[53] 劉氏根據《廣雅》、《玉篇》等書「字，飾也」的古訓，認為「字」的取義與「文章」相同。[54] 上古時文字雖興，但抄寫不便，學術傳授多賴口耳相傳，「必雜於偶語韻文，以便記誦，而語言之中有文矣」，後來著於書冊，「書冊之中亦有文」。[55] 劉氏解釋「偶語韻文」出現的原因與阮元無二，但

51　〈書梁昭明太子文選序後〉接着說：「非文者，尚不可名為文，況名為古文乎！」

52　阮元〈書梁昭明太子文選序後〉云：「自齊、梁以後，溺於聲律，彥和《雕龍》，漸開四六之體，至唐而四六更卑。然文體不可謂之不卑，而文統不得謂之不正。」（《近代文論選》，頁 105）劉師培〈文章原始〉云：「是則文也者，乃經史諸子之外，別為一體者也。齊梁以下，四六之體漸興，以聲色相矜，以藻繪相飾，靡曼纖冶，文體亦卑。然律以沈思翰藻之說，則駢文一體實為文體之正宗。」又云：「近代文學之士，謂天下文章莫大乎桐城，於方、姚之文奉為文章之正軌，由斯而上則以經為文，以子史為文，由斯以降，則枵腹蔑古之徒亦得以文章自耀，而文章之真源失矣。」（《遺書》，頁 1646）所論與阮元同出一轍。

53　《遺書》，頁 1644。

54　「故『字』訓為『飾』」句，劉氏原注：「古人以字為文飾之義，飾即文也。」「與『文章』之訓相同」句，劉氏原注：「文章取義於藻繪，言有組織而後成文也。」（《遺書》，頁 1645）

55　《遺書》，頁 1645。

阮元並不著重時間因素，孔子之前的文獻他不予討論。劉師培則強調歷史發展的線索，把「文〔字〕」和「文〔章〕」的本質同時界定為修飾性，由文字到文章一脈貫通，為以「偶語韻文」為特徵的駢文，爭得出現次序的優勢。但這樣做也有後果，那就是要全盤面對歷史發展的細節。

　　首先，即使承認「字」與「文章」取義相同，但兩者的「文飾」方式不是同一回事。文章的「文飾」表現為「偶語韻文」，「偶語韻文」是否必定較單行無韻為早？考諸文獻，並非必然。[56] 那麼他的結論其實仍然只是阮元式的循名責實，無法貫徹歷時性的論述。其次，「由簡趨繁」、「由文趨質」是直線的發展，而駢文的高峰在六朝，文章駢句由少而多、又由多而少，是拋物線的發展，劉氏怎樣把兩種發展圖式融合為一？

　　〈論文雜記〉第九篇雖然也說「由簡趨繁」是「文章進化之公例」：

> 西漢之書，言詞簡直，故句法貴短，或以二字成一言，而形容事物，不爽錙銖。東漢之文，句法較長，即研煉之詞，亦以四字成一語。魏代之文，則合二語

56　〈文章原始〉云：「吾觀三代之書，諺語箴銘，實多韻語。若六藝之中，《詩》篇三百固皆有韻之詞，即《易》、《書》二經，亦大抵奇偶相生，而《爾雅‧釋訓》用韻者亦三十條。惟戴《禮》、《周官經》言詞簡質，不雜偶語韻文，則以昭書簡冊，懸布國門，猶後世律例公文，特設專門之文體也，故與文言不同。」（《遺書》，頁 1645）。在最早的文獻中，只是「多」韻語、奇偶「相生」，更有不雜偶語韻文的，不得不另立一類，與同篇所引瀏江保《羅馬文學史》由韻文到散文的發展「公例」無法一致。

成一意（……非此不能盡其意也，已開四六之體）。由簡趨繁（此文章進化之公例也），昭然不爽。[57]

但和本節最初所引〈文章原始〉「由簡入繁」的內涵恰好相反。〈文章原始〉指由排偶變為單行，〈論文雜記〉第九篇則指由單行短句變為四六之體，然而〈文章原始〉說的是唐代的情況，〈論文雜記〉說的則是由漢至魏的演變。劉氏為了照顧歷史事實，改換了「簡」、「繁」的實質，以維持「由簡趨繁」的表述，兩種圖式積不相容，於此彰彰明甚。

把簡繁、文質、深淺和駢散機械對應，而且賦予先後進化的關係，本就可疑。最低限度在直觀上「由質趨文」似乎比「由文趨質」更合理，[58] 劉氏不此之圖，當是為了確立駢文為文章本源的優越性。劉氏嘗試解釋為甚麼早期的文章既「簡」又「文」：

秦漢以降，文與古殊。由簡而繁，至南宋而文愈繁；由文而質，至南宋而文愈質。蓋由簡趨繁，由於駢文之廢，故據事直書，不復簡約其文詞；由文趨質，由於語錄之興，故以語為文，不求自別於流俗。[59]

57　《遺書》，頁 714。

58　如羅惇曧就認為發展的方向是由質到文：「文學由簡而趨繁，由疏而趨密，由朴而趨華，自然之理也。」見羅惇曧：〈文學源流〉，原刊《國粹學報》第 2 年（1906 年）第 4-9 號（農曆四月二十日至八月二十日）；收入《近代文論選》，頁 620。

59　見〈論文雜記〉第十三篇，載《遺書》，頁 717。

但這裏解釋「由簡而繁」的理由，又和〈論文雜記〉第九篇魏代「合二語成一意，由簡趨繁」恰恰相反了。此外，第九篇説西漢文章「言詞簡直」，魏代則「以聲色相矜，以藻繪相飾，靡曼纖冶」，不正是「由質趨文」？其實第二篇説上古之書「力求簡質，崇用文言」，既「質」又「文」，已暴露了「公例」的左支右絀。[60]

　　但在劉師培後期的《講義》中，不僅沒有「進化」一詞，連文字、文學進化的既定方向也不復提出。偶然談到較長時段的變化趨勢，也不用簡繁、文質這些對立概念，儼然要與早年論説劃清界線，如第三課「論漢魏之際文學變遷」説：「孔璋之文，純以騁辭為主，故文體漸流繁富。⋯⋯文之由簡趨煩，蓋自此始。」[61]又説：「蓋文而無實，始于斯時。⋯⋯文勝之弊，即此可睹。故援引其説〔案：指桓範《世要論・序作篇》〕，以見當時文學之得失，亦以見文章各體，由質趨華，非一朝一夕之故，其所由來者漸矣。」[62]儘管説「文章各體，由質趨華」，但並非真正的整體趨勢，因為這時候的「奏疏之文，質直而屏華」。[63]

60　在一年之前，《警鐘日報》的「社説」〈質文篇〉（1904 年 5 月 1、2 日），提出一種相反的「進化公理」：「夫世界遞遷，由野而文，斷無反樸歸真之一日。此進化之公理也。⋯⋯吾觀西人社會學，謂事物之理，莫不由簡趨繁，故政治日即乎新，即物質文明，亦日有進步。⋯⋯今中國不欲文則已，欲自進文明之域，則舍『從文舍質』，別無進化之可言。」（《補遺》，頁 194）此篇無署名，萬仕國認為是劉師培所作。

61　第三課「附錄」，載《遺書》，頁 2373。

62　第三課案語，載《遺書》，頁 2372。

63　第三課「附錄」案語，載《遺書》，頁 2377。整段文字在前文「《講義》與〈風度〉的分野」一節已引錄。

進化主義的痕跡,在《講義》裏已不明顯,[64] 表面看來,劉師培是由趨新轉向守舊。但我們還注意到,《講義》也改變了早期論著對時間性的處理,因而更符合文學史「考歷代文學之變遷」的要求,這一點在以下兩節説明。

四、「探源於六經諸子」的文章流別説

除了「論小學為文章之始基,以駢文實文體之正宗,本於阮元」,錢基博又指出劉師培另外兩個文學史觀點的淵源:「論文章流別同於諸子,推詩賦根源本於縱橫,出之章學誠者也。」[65] 劉氏〈論文雜記〉第十二篇把古今文人詩人、歷代文風分別比附於儒道陰陽諸家,[66] 第十四篇論詩賦之學出於行人之官,「後世詩集皆縱橫家之派別」,[67] 錢基博把兩文全篇錄入其書中。第十二篇之末劉氏原注説:「會稽章氏、仁和談〔譚〕氏稍知此義,惟語焉未精,擇〔釋〕焉未詳。故更即二家之言推論之,以明其凡例焉。」[68] 會稽章氏即章學誠,仁和譚氏指譚獻。譚獻《復堂類稿・明詩》説:

> 夫六藝既散,百家代興;晚周以來,持之有故,言之成理者,為文章之盛。世有別集,蛇龍之菹,名法儒

---

64 「進化」之外,「天演」、「公例」等詞語也不見於《講義》,而以「變遷」、「遷蜕」等詞表示變化之意。

65 錢基博:《現代中國文學史》,頁 105。

66 《遺書》,頁 716-717。

67 同上注,頁 718-719。

68 同上注,頁 717。

墨，若遠若近，若出若入，甚矣其衰也。劉、班敍
詩賦，亦復稱家，分別部居，言各有當，惜乎今日亡
佚殆盡，無能詳說作者之旨。後來文士，如阮籍為
道家，陶潛為儒家，謝靈運為名家，江淹為縱橫家之
屬，凡夫學有本末，皆有合於微言大義者也。[69]

章學誠《文史通義・詩教下》說：

是則賦家者流，縱橫之派別，而兼諸子之餘風，此其
所以異於後世辭章之士也。[70]

章氏的名言「辨章學術」，劉師培也沿用不疑。[71] 但黃霖認為劉
氏幾次考察文章流別，「角度和內涵大不一樣」：論歷代文章出於
子部，「基本上就作品的思想傾向而言」，論詩賦出於縱橫家，
則「是從『溯源』的角度而論」。[72] 其實即使是「溯源」，主題、

69　《近代文論選》，頁 351。

70　葉瑛：《文史通義校注》（北京：中華書局，1985 年），頁 80。

71　章學誠〈校讎通義敍〉云：「校讎之義，蓋自劉向父子部次條別，將以辨章
學術，考鏡源流；非深明於道術精微、群言得失之故者，不足以與此。」
（《文史通義校注》，頁 945）劉師培〈論文雜記〉第十二篇云：「由是言之，
辨章學術，詩與文同矣。」（《遺書》，頁 717）

72　黃霖：《中國文學批評通史──近代卷》（上海：上海古籍出版社，1996
年），頁 790-791。劉師培考察流別之論，如〈論文雜記〉第十二篇云：「要
而論之，西漢之時，治學之士，侈言災異五行，故西漢之文，多陰陽家
言。東漢之末，法學盛昌，故漢魏之文，多法家言。六朝之士，崇尚老
莊，故六朝之文〔，〕多道家言。」第十四篇云：「《漢志》敍〈詩賦略〉，謂
『古者諸侯卿大夫交接鄰國，以微言相感，當揖讓之際，必稱詩以喻其志，
蓋以別賢不肖而觀盛衰。故孔子言：「不學詩，無以言。」』夫交接鄰國，
揖讓喻志，咸為行人之專司。行人之術，流為縱橫家，故《漢志》敍縱橫
家，引『誦詩三百，不能專對』之文，以為大戒。誠以出使四方，必當有得
于詩教。則詩賦之學，實惟縱橫家所獨擅矣。」（《遺書》，頁 718）

技巧、風格、表達模式等都是上通下達的途徑，選擇不同，得到的結果就不一樣，例如〈論文雜記〉第四篇說《楚辭》為詞賦鼻祖，「〈離騷〉、〈九章〉音涉哀思，……詩歌比興之遺也；〈九歌〉、〈招魂〉指物類象，……〈史篇〉記載之遺也。是《楚詞》一編，隱含二體」；[73] 第八篇卻認為《漢書・藝文志》所錄之賦中，「寫懷之賦，其源出於《詩經》；騁詞之賦，其源出於縱橫家；闡理之賦，其源出於儒道兩家」。[74] 那麼詞賦究竟是出於縱橫家，還是兼有《詩經》、縱橫、儒、道四個本源？再比較劉氏另一處的說法：

> 如論說之體，近人列為文體之一者也，然其體實出於儒家；書說之體，亦近人列為文體之一者也，然其體實出於縱橫家。推之奏議之體，《漢志》附列於六經；敕令之體，《漢志》附列於儒家。又如傳記箴銘，亦文章之一體，然據班《志》觀之，則傳體近於《春秋》，記體近於古禮，箴體附於儒家，銘體附於道家。是今人所謂文者，皆探源於六經諸子者也。[75]

同樣是文類的起源，書說與縱橫家的關係和以上各篇論詞賦與

---

73 《遺書》，頁 712。劉氏又云：「〈史篇〉起源，始於倉聖，周官之制，太史之職掌諭書名，而宣王之世，復有史籀作〈史篇〉。書雖失傳，然以李斯〈倉頡篇〉、史游〈急就篇〉例之，大抵韻語偶文，便於記誦，舉民生日用之字，悉列其中，蓋〈史篇〉即古代之字典也。」（《遺書》，頁 712）

74 《遺書》，頁 714。

75 同上注，頁 713。

縱橫家的關係，也不相同。劉氏所謂文章源流，與其理解為實
證研究，毋寧說是分類方法，即以一種年代較早的分類框架（六
經諸子），投射到後代，把後代的作家、作品分門別類，彰顯其
差異。第十二篇除了敍歷代文風，又把個別作家歸類於先秦某
子，例如：「韓、李之文，正誼明道，排斥異端，歐、曾繼之，
以文載道，儒家之文也。子厚之文，善言事物之情，出以形容
之詞，而知人論世，復能探原立論，核覈刻深，名家之文也。」
韓、李、歐、曾歸於儒家是就內容言，柳宗元歸於名家則以風
格言，同一段話，標準不一。又如：「淵明之詩，澹雅沖泊，近
於道家。」[76] 與譚獻說「陶潛為儒家」不同。這些議論都沒有嚴謹
的理據。

　　劉師培在這些文章裏一再提到「文章流別」，[77] 這名目來自
晉人摯虞。摯氏分體選文，又歷敍各體源流正變，編撰成《文章
流別集》，其書久佚，只剩下若干摯氏談論文類的片斷。[78] 像摯
虞這種研究文學的方式，後人稱為辨體之學，是中國傳統文論
的重要內容。[79] 論者認為研究文章流別源於編纂總集和擬仿古

76　同上注，頁 716、717。

77　如〈論文雜記〉第四篇云：「此古代文章之流別也，然知之者鮮矣。」（《遺
　　書》，頁 712）第十二篇云：「旨歸既別，夫豈強同？即古人所謂文章流別
　　也。」（《遺書》，頁 716）

78　《晉書》（北京：中華書局，1974 年）〈摯虞傳〉云：「虞撰《文章志》四卷，……
　　又撰古文章，類聚區分為三十卷，名曰《流別集》，各為之論，辭理愜當，
　　為世所重。」（頁 1427）

79　王瑤說：「中國的文學批評，從他的開始起，主要即是沿著兩條線索發展的
　　——論作者和論文體。」見王瑤：〈文體辨析與總集的成立〉，載王瑤：《中
　　古文學思想》（香港：中流出版社，1957 年），頁 124。

人的需要，編輯總集須擬定分類框架，分體選編為方便揣摩作
法，兩者都以辨析體裁為先務。[80] 摯虞之後最重要的辨體之作莫
過於《文心雕龍》，其書第六至二十五篇都以文類命名，分別詳述
文類的源流、名義，標舉佳作，說明寫作規範，即〈序志〉篇所謂
「原始以表末，釋名以章義，選文以定篇，敷理以舉統」，[81]《四
庫全書總目》則簡約之為「究文體之源流而評其工拙」。[82] 辨別文
章源流當然有很強的學理成份，但編纂文集不能純本學理，而
必須照顧實際情況，於是辨體之學後世往往成為選家之學。追
源溯流和分門別類兩者，在選家的實際操作上，後者通常更為
吃重。[83] 流別本來強調文學在時間裏的變化，但當選家集中注意
於作品形式的異同，空間性取代了時間性，流別就變成了分類
體系。劉師培並非選家，但談論文章流別也有此傾向，這與他
從進化論接受過來的直線式演變觀念，可謂截然不同，卻又常
常共存在同一篇論著裏。

　　直至去世那一年，劉師培仍念念不忘文章流別研究。[84]〈奏
定大學堂章程〉中國文學門原有「歷代文章流別」一科，林傳甲
即按照「日本有《中國文學史》，可仿其意自行編纂講授」的指

80　參王運熙等：《中國文學批評通史‧魏晉南北朝卷》（上海：上海古籍出版
　　社，1996 年），頁 75-78、117-121。

81　范文瀾：《文心雕龍註》，頁 727。

82　《四庫全書總目》（北京：中華書局，1965 年），〈集部‧詩文評類敍〉，頁
　　1779。

83　參王瑤：〈文體辨析與總集的成立〉，頁 141-152。

84　見前文「從『講義』到『文學史』」一節所引劉師培〈蒐集文章志材料方法〉。

示，編出第一本中國人所撰的中國文學史，[85] 劉氏印象深刻未必
無因。〈蒐〉文只詳述了「文章志」材料的搜集方法，「文章流別」
如何著手則沒有交代。但根據「以文體為綱」來「考歷代文學之
變遷」的提示，我們可從《講義》領會劉氏的想法。這些想法與
早年「探源於六經諸子」的文章流別說比較，表面相似，其實並
不相同。

五、「文派異同」，如何言說？為何言說？

《講義》第四課〈魏晉文學之變遷〉說：「凡論文學之變遷，
當觀其體勢若何，然後文派異同，可得而說。」[86] 派原指河水的
支流，[87] 引伸而兼有派生和派別的意思。文派既是分類系統，
也是歷時變化的形跡。文派異同不僅是第四課的內容，也適用
於《講義》第三、五課。第三課「附錄」的引言說：「漢魏之際
文學變遷，既如上課所述矣。然其變遷之跡，非證以當時文章
各體，不足以考其變遷之由。」[88] 其下輯錄禰衡等作者文章十二

85　參陳國球：〈文學立科——《京師大學堂章程》與「文學」〉，載陳國球：《學
　　史書寫形態與文化政治》（北京：北京大學出版社，2004 年），頁 21-22。

86　《遺書》，頁 2377。馮永敏說：「他所謂的『體勢』，即是『因情立體，即體
　　成勢』（《文心雕龍·定勢》）之意，也就是說不同體裁形成不同風格，而不
　　同文體風格必然影響或指導創作，因此劉師培以為在文學史中各種文學變
　　遷，應從文體風格來探究其相互差異。」見馮永敏：《劉師培及其文學研究》
　　（臺北：文史哲出版社，1992 年），頁 220。

87　《說文解字》（香港：中華書局影印孫星衍重刊徐鉉本，1972 年）：「派，別水
　　也。」（頁 232）

88　《遺書》，頁 2372。

篇，各附按語，指陳文章風格。最後一條按語提出「魏文與漢
不同者，蓋有四焉」，[89]總結此十二篇文章所見的特色，與本課
總述「建安文學，革易前型」的清峻、通侻、騁詞、華靡四點呼
應。[90]此外，總述雖然提到刑名縱橫等諸子流派，但與〈論文雜
記〉作為分類的框架不同，劉氏的確試圖從歷史和社會的角度來
說明這些思想體系在漢末復興，而影響及於文學風格，這與後
來文學史家慣用的從社會到文學的論說方式一致，[91]難怪接受者
眾多。

　　綜合而言，「建安文學革易前型」說的變遷描述，除了放棄
了進化主義外，還有兩個異於早年的特點：（一）以文類為區
隔；（二）重視變遷的過程。這兩個特點也可見於《講義》的其他
部份，如第四課「魏晉文學之變遷」的總述，把太和到正始年間
的文章分為兩派：一派承孔融、王粲而來，以傅嘏、王弼、何晏
為代表，清峻簡約，文質兼備；另一派承阮瑀、陳琳而來，以嵇
康、阮籍為代表，文章壯麗，摠采騁辭。兩派都闡發道家之理，
但在風格上，前者與名、法家言為近，後者則與縱橫家為近。

89　即前文「《講義》與〈風度〉的分野」一節王瑤所引用者。

90　第三課「附錄」案語所列四點，除了包含清峻、通脫、騁詞、華靡四種風格
　　特色，還有質直屏華一種。

91　如羅根澤說：「文學是社會的一部門，社會變遷，文學也隨之變遷，以故必
　　先了解中國社會史，才能進而了解中國文學史。」見羅根澤：〈研究中國文
　　學史的計劃〉，載《羅根澤古典文學論文集》（上海：上海古籍出版社，2009
　　年），頁32。其實《文心雕龍‧時序》篇也說：「文變染乎世情，興廢繫乎
　　時序。」（范文瀾：《文心雕龍註》，頁675）但古代論者意識到的社會因素，
　　大抵只是君主右文、朝廷失道之類。

「阮、陳不善持論，孔、王雖善持論，而不能藻以玄思」，所以論者「昧厥遠源之所出」。[92] 這是文派的區分和流衍。此課下文引《文心雕龍‧明詩》篇「嵇志清峻，阮旨遙深」，劉氏的按語說：「嵇、阮之文，艷逸壯麗，大抵相同。……至其為詩，則為體迥異。」[93] 可見是分文類而論。[94] 又如第五課「宋齊梁陳文學概略」的「總論」一節，歸納其時文學得失為四點：(一) 矜言數典，以富博為長；(二) 梁代宮體，別為新變；(三) 士崇講論，而語悉成章；(四) 諧隱之文，斯時益甚。也是分文類而論。特別值得注意的是，劉師培指出東晉以來文學家多出於世族，以此解釋當時常有俱擅文名的父子兄弟，而且文學之成每於早歲，兼又文思敏捷等現象。該節之下又分「聲律說之發明」、「文筆之區別」兩題，以解答「當時文格所以上變晉、宋而下啟隋、唐者」的原因。[95] 劉師培雖然採取他律論的立場，但從上述兩個例子可見，他一方面著力於社會和文風之間的關係分析，另一方面對促使文學變遷的外部因素作廣義的理解，不局限於政治。總體而言，劉氏此時變遷的圖像是不同文派的承傳、變異、分合，不侈言公例規則，而提供繁富的細節。然而，為甚麼敍述文學的變遷要以文類為界線，劉氏卻沒有交代理由，共時文類的關係也罕有探討，可見仍

92　《遺書》，頁 2377。

93　同上注，頁 2381。

94　劉氏區分文類有時範圍較寬，如此處詩文相對，有時範圍較狹，如「建安文學革易前型」說把文細分為書檄、論說、奏疏、詩賦四類。當然，不同文類可以有相同的特徵。

95　《遺書》，頁 2399-2401。

未脫出傳統辨體之學的影響。此書畢竟只是講義之體，引文遠比
案語為多，劉氏心目中的文派變遷，尚未能夠充份描畫。

　　李帆指出，「1909 年起，因思想、學術態度有所轉變，劉師
培基本不再致力於學術上的中西交融，而是專意於中國古典學
術的研究」，在《國粹學報》之後罕引西書。[96] 這可以部份地解釋
《講義》為何放棄了進化主義，但更關鍵的影響當是「徵實之學」
的研究進路，以及「搜集材料為主」的著述體式。劉氏〈蒐集文
章志材料方法〉說，「惟斯事體大，必以蒐集材料為主」，文末又
說，「此則徵實之學也」。《講義》以〈蒐〉文的原則廣輯文獻，劉
氏的意見大部份分散列於各條資料後的案語裏（小部份見於每課
的總述中）。這種著作體式，使得劉氏凡有所言，都是和前代學
者就特定話題來對話，而且設定話題的，是前人而非劉氏。因
此前人紛繁的見解，劉氏都要一一直面，他可以認同或反對，
但不能刪除或迴避。這種論說方式，最近的源頭自然是阮元。
《講義》第二課〈文學辨體〉明言「此篇以阮氏〈文筆對〉為主，
特所引群書，以類相從」，[97] 其精神可以上溯至清代盛世的乾嘉

96　李帆《劉師培與中西學術》說：「在這一時期的著述中，徵引過西書的僅有
　　〈論中國古代財政國有之弊〉一文，文中亦僅提到歐人Laveleye著《原始時代
　　之財產》，並未闡發其說。」（頁 83）

97　《遺書》，頁 2365。〈文筆對〉即〈學海堂文筆策問〉，載阮元：《研經室集》
　　（臺北：臺灣商務印書館），1967 年），三集，卷五，頁 657-663。此文為阮
　　元出題，其子阮福擬對。同樣引錄群書而加案語的，阮元還有〈論語論仁
　　論〉、〈孟子論仁論〉、〈性命古訓〉等文，載《研經室集》，一集，卷八至十，
　　頁 157-214。

樸學。[98]晚近學術界檢討進化的文學史觀，認為弊端在於簡化了複雜的文學現象。[99]文學史研究未必可以完全「徵實」，但劉氏的方針有力地抗拒了簡化。

　　劉師培在北大同時講授中古文學史、漢魏六朝專家文和《文心雕龍》，後兩種有羅常培的筆記流傳。「文學史」隱含時間流逝的前提，變遷意味着不能回到歷史的上游，但從羅常培的聽課筆記看來，劉氏竟有和《講義》截然相反的論説。

　　《專家文》的〈緒論〉説:「要宜各就性之所近，專攻一家，『用志不分，乃凝於神。』汪容甫中為清代名家，而繹其所取法者，亦只《三國志》、《後漢書》、沈約、任昉四家而已。」[100]研究文學為甚麼強調「性近」、「專攻」? 因為該書的宗旨是學文，學文的目標是摹倣起來足以亂真:「今之研治漢魏六朝文學者，或尋源以竟流，或沿流而溯源，上下貫通，乃克參透一家之真相。真相既得，然後從而摹擬之，庶幾置諸本集中可以不辨真

98　梁啟超歸納「正統派」(即「樸學」)的學風為十點，第一點「凡立一義，必憑證據，無證據而以臆度者，在所必擯」，第四點「隱匿證據或曲解證據，皆認為不德」，第六點「凡採用舊説，必明引之，勦説認為大不德」，都與劉師培的徵實之學、廣輯文獻主張相通。見梁啟超:〈清代學術概論〉，載《梁啟超論清學史二種》(上海:復旦大學出版社，1985 年)，頁 39。

99　如溫儒敏説:「進化的文學史觀強化了文學發展的歷史線索，論述文學現象往往用歸納法，大而化之，給人簡明快捷的結論，但也往往不能擺脱狹隘的線性思維的弊病，不能充份解釋複雜的文學歷史。」見溫儒敏:〈文學史觀的建構與對話──圍繞初期新文學的評價〉，載:《文學課堂:溫儒敏文學史論集》(長春:吉林人民出版社，2002 年)，頁 375-376。

100《補遺》，頁 1518。

贋矣。」[101] 通過溯源竟流來「參透一家之真相」，背後是文派變遷的觀念，但這裏把研究視作學習為文的手段。[102] 全書各篇都為這一宗旨服務，〈學文四忌〉、〈論謀篇之術〉等篇顧名思義，固不待言；〈史漢之句讀〉除了「句讀明而後意思可明」，更重要的是通過句讀來體會文章節奏：「蓋文章本有馳驟及頓挫兩種，《史》、《漢》中二者皆不廢。文章有頓挫而無馳驟，則失之弱；有馳驟而無頓挫，則失之滑。欲明其文中馳驟、頓挫之處，則非明其句讀不可。」[103] 學文的宗旨也貫徹至對文學風格和文類變化的態度。〈各家總論〉從司馬遷、班固說到沈約、庾信，雖然順時代而言，但各家並不代表其時代的文學特徵。劉氏儼然攤開一張文學風格分類表，介紹各家是為了提示學生選擇最適合個人效法的對象，如評論司馬遷、班固、范曄說：「三家之文，風格不同，而皆有獨到處。《史記》以空靈勝，《漢書》以詳實勝，《後漢書》以精雅勝。」又如說辨理之文，「與其法沈〔約〕，無寧宗嵇〔康〕」。[104] 前一條把相距五百多年的作者視為三種並存風格的代表，後一條則並置兩個相距二百多年的作者來作選擇，時間差異的因素並不在考慮之中。

---

101 同注 100，頁 1546。

102 〈緒論〉把兩漢至唐初分為六期，第二期為魏代，「此期可專治建安七子之文，亦可專治王弼、何晏之文」。如果最終目標是研究文學史，怎能只讀一半？見《補遺》，頁 1516。

103 《補遺》，頁 1532。

104 同上注，頁 1518、1520。

　　劉氏早年有〈南北文學不同論〉，從人類未有文字時南北語言不同說起，一直說到清代的駢散之爭，數千年來都是兩派對峙。[105]《專家文》卻有一篇〈論研究文學不可為地理及時代之見所囿〉，提出「倘能於古人文字精勤鑽研，無論何人，均不難趨步，……然則，文學奚必有關地理哉？」此文又強調大作家不可企及之處，在於超越時代，「於當代因襲舊體久際，倘能不落窠臼，獨創新格；或於舉世革新之後，而能力挽狂瀾，篤守舊範者，必皆超軼流俗之士也」。[106] 前面說「不難趨步」，後面說「不落窠臼」，兩者沒有矛盾。仿古和創新都是手段，崛起於當代才是目標，這也是從文學創作的角度看問題。

　　劉氏鼓勵學生選擇適合個人性格的文章來模擬，與《文心雕龍・體性》篇的「宜摹體以定習，因性以練才」相通。[107] 他又嚴格區分文類的正體和訛變，認為「文章既立各體之名，即各有其界說，各有其範圍。句法可以變化，而文體不能遷訛」，[108] 容許「在本體內之變化」，但不能「以他體作本體之文」，例如「敍記本以敍述事實為主，若加空論，即為失體」，[109] 這也同於《文心

---

105 《遺書》，頁 559-562；原刊《國粹學報》，第 1 年（1905 年）第 9 號（農曆 9
　　月 20 日）。
106 《補遺》，頁 1544-1545。
107 范文瀾：《文心雕龍註》，頁 506。
108 《補遺》，頁 1541。本篇題目為〈文章變化與文體遷訛〉。
109 《補遺》，頁 1540-1541。

雕龍・通變》篇的「設文之體有常，變文之數無方」，[110] 此外兩書都是為了寫作而辨體。凡此種種，都可見《專家文》與傳統辨體之學呼吸相通。[111]

有趣的是，林傳甲的《中國文學史》也有講授「作文之法」的部份，[112] 戴燕認為「屬於文學研究領域的文學史，同實用寫作之間做如此清楚的劃分，在林傳甲的時代還不存在」，中國古人是認知和實踐齊頭並進的。[113] 陳國球則認為，「『中國文學史』之題，只是〔林傳甲〕擷拾的觀念之一；林傳甲的主要目標是編『國文講義』多於撰寫『中國文學史』」。[114] 在劉師培那裏，作文訣要只見於《專家文》和《文心雕龍》口義，《講義》並無「知行合一」

---

110 〈通變〉篇接着解釋：「何以明其然耶？凡詩賦書記，名理相因，此有常之體也；文辭氣力，通變則久，此無方之數也。名理有常，體必資於故實，通變無方，數必酌於新聲；故能騁無窮之路，飲不竭之源。」（范文瀾：《文心雕龍註》，頁 519）劉氏與《文心雕龍》在篤守文類界限的原則上一致，但具體尺度有出入，例子可見〈文心雕龍頌贊篇〉「至於班、傅之〈北征〉、〈西巡〉，變為序引」句、「汪洋以樹義」句口義，見《補遺》，頁 1555、1556。

111 〈緒論〉云：「文章之體既明，然後各就性之所近，先決定所欲研究之文體，次擇定擅長此義之專家，取法得宜，進益必速，故不可不慎也。」（《文心雕龍・誄碑篇》口義）選錄《文選》誄、碑之文多篇評講作法，舉凡佈局、章法、造句、繁省皆有詳解。見《補遺》，頁 1561-1583。鄧仕樑認為《文心雕龍》也是教人寫文章的書，見鄧仕樑：〈「能研諸慮，何遠之有哉」——《文心雕龍・風骨》九慮〉，《中國文哲研究集刊》，第 12 期（1998 年 3 月），頁 128。

112 該篇名為〈古經言有物言有序言有章為作文之法〉，下分十八章，載林傳甲、朱希祖、吳梅（著）、陳平原（輯）：《早期北大文學史講義三種》（北京：北京大學出版社，2005 年），頁 93-105。

113 戴燕：《文學史的權力》，頁 175。

114 陳國球：〈「錯體」文學史——林傳甲的「京師大學堂國文講義」〉，載陳國球：《文學史書寫形態與文化政治》，頁 59。

的意味，與後世的「文學史」完全一致。

　　陳平原提到，「1918 年北大發佈的〈文科國文學門文學教授
案〉，其中明確規定：『文科國文學門設有文學史及文學兩科，
其目的本截然不同，故教授方法不能不有所區別。』前者的目的
是『使學者知各代文學之變遷及其派別』，後者的功用則為『使
學者研尋作文之妙用，有以窺見作者之用心，俾增進其文學之
技術』」。1919 年 10 月的「國文教授會」甚至議決「教員會分五
種」，文學史教員會、文學教員會為其中兩種。陳氏又認為，
「新文化運動以前，雖無明確分工，可林傳甲與姚永樸〔《文學
研究法》〕二書的巨大差異，同樣蘊涵著『史的傳授』與『文的練
習』兩種截然不同的課程設想」。[115]1917 年劉師培在北大開課的
第一個學期，上述提案還未公佈，但當時中國文學門的「本科現
行課程」已呈明顯的二分法，每一年級都有文學和文學史科。劉
師培任教一、二年級的「中國文學」和二年級的「中國古代文學
史」，為了顯出分別，刻意在講授兩種科目時採取不同的立場，
並非不能理解的事。「中國文學史」是現代大學教育制度下的產
物，[116] 本節的分析旨在通過《專家文》、《文心雕龍》口義的對
照，指出劉氏其實還有另一種與傳統相通的對待漢魏六朝文學
方式，《講義》的現代意味就在這種對照中顯現出來了。

115　陳平原：《早期北大文學史講義三種·序》，頁 2。
116　這一點論者已多，可參陳平原：〈「文學史」作為一門學科的建立〉，載陳平
　　原：《文學史的形成與建構》（南寧：廣西教育出版社，1999 年），頁 3-6。

六、結論

綜合以上所論，本文認為劉師培早年受進化論影響，主張文學變遷有一個固定的方向，即「由深趨淺，由簡入繁」，但此一宏觀論斷不僅在解釋史實時有困難，更嚴重的是與他從阮元繼承過來的推尊駢文立場常生矛盾。劉氏後期在《講義》裏完全放棄了單一路線的文學演進圖式，改為分類論列，並關注變遷的過程。但在同一時期的《專家文》裏，他又示範了另一種截然不同的漢魏六朝文學研究方向。對照兩書，可以看到文學史學科規範在近世的浮現。

把「文學」當作一個整體的概念來把握，嘗試歸納各種文類共同表現的時代特徵，使得魯迅以降的學者對「建安文學革易前型」的理解，與劉師培貌同心異。尋找「時代特徵」的文學史研究，最大的危機是簡化歷史，把不符合特徵的作者和作品掃出視野之外。以「通侻」為例，不少論者認為這是建安或魏晉時代的一大特徵。最早提出「通侻」的是劉師培，他當然也談論「時代特徵」，但以文類為區隔，減少了「整體化」的風險。不過這沒有徹底解決問題，他只是沿襲傳統文論的辨體觀念，縮小了體現特徵的範圍，卻沒有解釋為何以文類為界線。

劉氏早年立論大開大闔，固然氣魄雄奇，但像「由文趨質」這樣的概括，難免削材料之足適論點之履。《講義》著力於豐富的細節，把大敘述懸擱起來，反而展示了眾多深刻的見解。「徵實」是清代樸學家的治學原則，《講義》體現了這種精神，但並非單純的復古。

附 錄

在香港「讀中文」

── 一個中文系學生、教師的香港身份反思*

一、反思的起點

　　2007 年香港社會學學者呂大樂提出了「四代香港人」的説法，[1] 他以第二次世界大戰後美國的「嬰兒潮」（1946-1965 年）作參照，生於嬰兒潮之前的算第一代香港人，嬰兒潮期間出生為第二代，嬰兒潮之後至 1975 年為第三代，1976 年至 1990 年為第四代。這本書引起了很熱烈的爭論，正反的理由不一而足，也延伸到其他話題。

　　按照呂大樂的劃分，我是第三代香港人，但從他描述的各代香港人際遇，我卻認為自己搭上了第二代的末班車。和我年紀相近的人，他們會怎樣理解自己屬於哪一代？即使選擇的答案一樣，我們有甚麼相同之處呢？或許從其他人看來委實有不少近似的地方，但自己總是覺得分別遠多於相同，這是人之常情吧。

---

* 　2015 年 6 月應臺灣國立清華大學王鈺婷教授之邀，在該校台灣文學研究所作了兩次報告，本文是其中一次報告的底稿，收入本書時核實了一些資料，仍然保留當時口頭表達的語氣。

1 　呂大樂：《四代香港人》（香港：進一步多媒體有限公司，2007 年）。

世代論的基本假設，是同一世代的人共同經歷了某些重要的事件（通常是在較年輕的時候），這些事件塑造了他們的價值觀念，例如近年開始有並非親建制的人反對悼念「六四」，有評論者認為那些主要是「八十後」、「九十後」，甚至更年輕的「千禧後」。塑造他們價值觀念最重要的事件是 2003 年的「七一大遊行」，而對第二代香港人來說，最重要的事件是 1989 年的「六四民運」。前者是「一場徹頭徹尾的香港民主運動」，後者則是「香港人有份參與及支持的中國民主運動」。[2] 不過也許反過來說更準確：「同代人」不是嚴格的斷代概念，因為在同一年齡層中，總有些人沒有給塑造成符合主流的價值觀念；更重要的是，主流價值觀念往往不止吸納了一個年齡層的人。此外，把價值觀念和實際行動想像為單一事件的結果，未免過於簡化。[3] 我們在日常生活裏，以不同方式應對不同情境，背後的原則未必一致，這無須用到理論，大家都能明白。如果説那些不同的應對並不是隨便選擇的，背後有某種結構在起作用，只要不是太機械化的模型，我也不反對，不過我的興趣是從具體個案入手。下面所談的，正是把自己當成個案，反思過去三十多年來，在我讀書、教書的香港學院中文系環境裏，我所體認的「香港身

---

2   王慧麟：〈維園燭光　告別中國〉，《明報・星期日生活》，2013 年 6 月 2日，頁 1。

3   深入的「世代論」研究當然不會忽略這些問題，參考蕭亞勤：《回歸現實：臺灣 1970 年代的戰後世代與文化政治變遷》（臺北：中央研究院社會科學研究所，2010 年 2 版），第一章「問題意識、概念、理論與研究方法」，第一節「世代研究的概念與理論」。

份」是怎樣的？多年來有甚麼變化？[4]

　　一位香港的文化評論者安徒説，「這幾年香港的本土意識冒升，但本土意識成長的歷史經驗卻缺乏完整的梳理」。[5] 這裏的反思也算是一種自我梳理，但只是很個人的經驗，沒有試圖證明個案的代表性。其實我更想回憶的，是以往某些事情怎樣不一致地塑造了我現時對「香港身份」的感知，特別是這種感知的內部矛盾之處。

二、幾張快照

　　這次所談的經歷設定為從大學時期開始，但我想簡略一提幾件更早的事情。那些事情在構思演講內容之初，就像街頭抓拍的照片般不時浮現腦海——顯然是我不自覺地建構出來的敍述。這裏先坦白交代，後面再反思為甚麼會有這麼逼切的感覺。

　　第一張快照是我的幼稚園禮堂。我所讀的幼稚園名叫九龍塘幼稚園，附屬於九龍塘學校（小學）。幼稚園有一幢獨立的禮堂，正門上一個橫匾寫着「廷鏘堂」。很多年之後我才知道廷鏘

4　「香港身份」或「香港意識」的提出，本來是要説明香港人獨特而共同的心態、思想、感情等，獨特是因為這種心態和「非香港人」不同，共同是指全體香港人都有這種心態。但誰有資格代表全體呢？美國學者安德森（Benedict Anderson）提出「想像的共同體」理論，認為共同的心態、思想、感情等是通過媒體的作用而形成的，參考Benedict Anderson著，吳叡人譯：《想像的共同體：民族主義的起源與散布》（臺北：時報文化出版企業股份有限公司，2010年）。

5　安徒（羅永生）：〈愛國爭論中再思陳獨秀〉，《明報·星期日生活》，2013年6月16日，頁5。

是抗日名將蔡廷鍇將軍（1892-1968）的名字，而且直到最近才
了解，是當年一位校董以蔡將軍的名義捐款二千元，以作興建
新校舍之用，學校立匾以紀念。[6] 但與歷史人物拉上一點間接關
係，感覺仍是非常奇妙的。[7]

　　第二張快照也是九龍塘學校。我在那裏讀完了六年小學，

6　2016 年九龍塘學校八十周年開放日，我在「學校歷史」展板上讀到這段說
　　明：「時因七七事變後，來港者眾，校舍不敷應用，黃澤南校長向政府租借
　　現址作校舍。……時校董沈光漢先生以其上級十九路軍蔡廷鍇將軍名義捐
　　款 2000 元，故幼稚園的大堂命名為『廷鍇堂』以作紀念。……並於一九四
　　零年遷入現址，同時邀得葉不秋女士的老師──中國藝術學院創辦人黃高
　　年先生為本校『九龍塘學校』及『廷鍇幼稚園』牌匾題字。」又見九龍塘學校
　　網頁：http://www.ktsps.edu.hk/1/01_4.html（2017 年 3 月 28 日檢索）。

7　蔡廷鍇將軍和香港的關係並不止此，馬輝洪、鄒芷茵和我合編《疊印：漫步
　　香港文學地景》（香港：商務印書館〔香港〕有限公司，2016），約來了鄭政
　　恒的〈屯門滄桑錄〉，正好提供了我非常感興趣的資料：「巴士沿着青山公路
　　青山灣段，轉到新墟段，在右手邊的中華基督教會何福堂書院和拔臣學校
　　之間，有一棟歷史建築，裝飾派的建築，卻有青釉中式瓦片鋪成的廡殿式
　　屋頂，跟兩所學校的建築風格並不一樣，這是何福堂會所內的馬禮遜樓，
　　從前是蔡廷鍇將軍的別墅、達德學院的主樓，後來蔡廷鍇將別墅售予倫敦
　　傳道會，六十年代業權再轉移到中華基督教會香港區會，這座中西合璧的
　　主樓命名為馬禮遜樓，以紀念第一位來華的基督新教傳教士。蔡廷鍇是抗
　　日名將，他曾在福建反蔣，一九三三年底參與成立中華共和國，組織人民
　　革命政府，可是革命很快就失敗，蔡廷鍇抵達香港，旋即周遊列國，在自
　　傳中他提及去過星洲、庇能、錫蘭、孟買、埃及、威尼斯、羅馬、邦貝、
　　日內瓦、維也納、匈牙利、捷克斯洛伐克、柏林、漢堡、丹麥、荷蘭、比
　　利時、巴黎、倫敦、紐約、波士頓、費城、華盛頓、芝加哥、羅省、三藩
　　市、檀香山、澳侖、雪梨、美利濱、岷里拉等，期間甚至拜會過墨索里
　　尼，後來返回香港，過農家生活。一九三六年，蔡廷鍇在屯門青山的別墅
　　建成，名為『瀧江別墅』，蔡廷鍇妻子彭惠芳因難產在香港逝世，故別墅又
　　名『芳園』。十年過去，一九四六年，國共內戰，一些進步的大學教師與青
　　年遭受迫害，移居香港，左翼民主人士就計劃在香港建立高等院校，於是
　　由中國共產黨和左翼民主人士合作成立達德學院，借用蔡廷鍇的芳園為校
　　舍，設商經、法政、文哲、新聞四系。」（頁 113-114）實在是奇妙的因緣。

最尊敬一位李焱紅老師。李老師那時年近六十，但聲音洪亮，寫得一手剛勁的書法，同學最喜歡聽她講《聊齋》故事。李老師住處和我家很近，小學畢業後開始允許我到她家拜年。好像是入大學前的暑假，她知道我將升讀中文系，從抽屜裏檢出一本薄薄的線裝書，說是舊同事的詩集，轉送給我。書名《草衣詩鈔》，作者劉草衣按理也是小學裏的老師，[8] 但我從來沒有聽說過。進了大學，漸漸懂得那些詩確是寫得好，不過直到準備這次演講我才下定決心尋找作者的生平概略。[9]

　　第三張快照是高中的中國語文課本。課本裏有聞一多的新詩〈也許〉，我們知道是作者為夭折女兒寫的葬歌，讀到詩的結句：「我把黃土輕輕蓋着你，／我叫紙錢兒緩緩的飛」，我們立刻拿來互相「詛咒」，可見已經掌握了文意。這首詩每行字數均一，顯然就是聞一多提倡的「建築的美」，儘管我們不一定覺得很美，但回答試題是沒有困難的。倒是隔了許多年重讀，我才留意到另外兩行：「也許你聽這般的音樂／比那咒罵的人聲更美」，無論解作詩人咒罵那些人聲，還是那些人聲在咒罵，都像過於強烈。如果是要以現實世界的醜惡和死後世界的寧靜

8　詩集似乎是個人出版，線裝，沒有版權頁，作者自序之末署庚辰冬（1940年）。

9　鄒穎文編《香港古典詩文集經眼錄》（香港：中華書局，2011年）有劉草衣資料：「劉君卉（1892-1976），字草衣，號抱雪，又號嶇盦。廣東番禺人。澳門出生，民國初年於澳門設智渡學校。澳門雪社成員，能詩善畫。曾居香港，三十年代與俞叔文、葉次周、李景康、陳菊衣等結賓名社唱酬，1960年又與友儕倡結庚子詩社。」（頁262）承同事程中山博士見告。

對比，來自我安慰失去女兒之痛，那麼對詩人來説，現實為甚麼如此醜惡？要明白其中原委，必須了解作者的生平和當時的社會狀況，但當時中學的語文教學往往把作品抽離於歷史的脈絡，特別是充滿政治的現代史，所有課文似乎都只傳達了一些永恒而純粹的價值。[10]

為甚麼不算太遙遠的人和事，要花上這麼多年才能增加一些了解？是我個人的問題，還是有某些條件限制了我們得到那些知識？那些條件現在改變了多少？

三、求學時期

我在 1983 年秋天升上香港中文大學的中國語言及文學系，回想起來那是香港社會非常動盪的日子，中英兩國政府談判處理香港的「九七」問題，政治人物一句話、一個手勢，都牽動着香港市民的心情。而且不僅是情緒，更重要的是生活甚至生存的基礎，例如因為各界對香港前景失去信心，1983 年 9 月港元兌美元的匯價跌至歷史低位，市面出現搶購糧食的人潮，香港政府被迫在 10 月 15 日公布聯繫匯率制度，讓港元與美元掛鈎，以穩定物價。一年後中英雙方終於達成協議，1984 年 12 月

10　陳國球也從個人經驗出發，指出了香港中學課程裏現代文學教學的特點與不足，參陳國球：〈感傷的教育——香港、現代文學，和我〉，《感傷的旅程：在香港讀文學》（臺北：臺灣學生書局，2003 年），頁 I-VII。陳文提到的六、七十年代範文，到我讀高中的八十年代初大部份仍保留下來。另參樊善標：〈殘留記憶和後來看法——重讀中學課程裏的新詩範文〉，載《爐外之丹——文學評論及其他》（香港：麥穗出版有限公司，2011 年），頁 159-163。

19 日在北京正式簽署中英聯合聲明，香港就開始了十三年的過渡期。

　　可是印象中，大學中文系的課程和教學，都沒有很明顯地反映時代的變化。中大中文系的全名是中國語言及文學系，這名稱表示語言和文學兩方面的科目並重。當年的必修科包括：「文字學」、「聲韻學」各一學年、先秦至清代文學史兩學年等；選修的科目則有經史子專書和古典、現代文學。現代文學科目無法不與現代中國拉上某些關係，但其他科目都是很純粹的學術知識。我修讀過的現代文學科目有：「現代文學」、「現代散文」、「現代小説」。開設了但我沒有選修的，則有「新詩」和「創作」。

　　那時的科目大部份是兩學期的，但只修讀一學期也可以，「現代文學」科我就只讀了余光中老師教的上學期。由於四個學期的文學史只教到清代，「現代文學」科顯然是文學史的延伸，但不用史的方式講授，而是「研討一九一七年至一九四九年間中國現代文學之詩、散文、小説、戲劇；除概述史實、理論及批評之外，更著重主要作家代表作品之分析及評價，進而探討現代文學於繼承古典文學及吸收外國文學兩方面之得失」，[11] 甚至只是選修科，可見並不特別重視。余光中老師教新詩和散文，主要是通過選讀作品重評某些五四新文學作家，部份講課內容他已寫成文章，收錄在《青青邊愁》和《分水嶺上》兩本文集裏。

11　見《香港中文大學概況（一九八三至八四）》，頁 133。

另有一些，例如談徐志摩的散文、何其芳的散文和詩，沒有寫出來實在很可惜，其實課堂上的論點已經很完整了。余老師往往從語文表達的高下來評價作者，有時用臺灣的現代詩來對照五四新詩，把我們的視線帶到當代。

「現代散文」由盧瑋鑾（小思）老師任教。盧老師是現代散文專家，以掌握資料豐富見稱，對豐子愷特別有心得。盧老師自己也擅長散文創作，我在中學時讀過她以小思筆名所寫的散文集，不過她上課時幾乎從不談論課程以外的事情，所以也沒有聽到她自白怎樣走上寫作之路。上學期接近結束，正擔心讀不完老師開列的散文集，她卻宣布以一篇散文創作代替期終考試，我們即時歡呼起來。可惜這一科我也只修讀了上學期，不知道盧老師下學期有沒有談到抗戰期間南來香港的作家，盧老師的碩士論文就是研究這一批作者，但當時學術界對香港早期的情況似乎沒有甚麼興趣。

「現代小說」由張雙慶老師任教，這一科上下學期我都修讀了。張老師是方言學家，但學問淵博，「古典小說」和「現代小說」課開過很多次，深受同學歡迎。張老師講授的除了1949年前大陸的作品外，也有臺灣作品，如朱西寧〈破曉時分〉、黃春明〈看海的日子〉、王禎和〈嫁妝一牛車〉、王文興《家變》、張系國《紅孩兒》等，大陸五十年代曲波《林海雪原》、楊沫《青春之歌》、茹志鵑《百合花》，新時期李曉〈繼續操練〉等。此外，張老師也選入了西西的〈像我這樣的一個女子〉，是我在課堂上研讀的第一篇香港文學。

　　當時中文系裏還有梁錫華、黃維樑、陳勝長三位老師，都曾講授現代文學的課，但我沒有修讀過。另一位黃繼持老師，當時他教的是古典文學的「文學批評」，好幾年後我才知道他同樣擅長現代文學。

　　總體來說，在我上大學的時代閱讀大陸和臺灣的文學作品完全沒有禁區，但現代文學不是中文系的重點科目，更沒有「香港文學」科。[12] 香港的經濟奇跡、香港人的拼勁，香港大眾文化的吸引力，在世界上逐漸得到注意，但香港文化還沒有進入大學的學術體制裏。

　　校園裏也有非體制的部份，社會風氣的影響力就較明顯了。大一時有一位同學提議在輔導課上討論剛出版的鍾曉陽《停車暫借問》小說集。那時鍾曉陽在香港和臺灣同時受到很多人關注，有「十七歲震動文壇」的美譽。升上二年級，那位同學當上了中文系學生刊物《學文》的主編，他策劃了一個西西專輯，這是我第一次聽到西西的名字。在這位同學號召下，我寫了兩篇短評，談西西的小說〈南蠻〉和〈染〉，前者刊登了，是我第一篇公開發表的文章。[13]

　　過了一年，我又投了一篇評論給《學文》，寫張系國的〈割禮〉──一篇關於七十年代留美學生保衛釣魚臺運動的小說。我的評論當然很幼稚，但有一點想在這裏提起的，是我蒐集資

12　黃維樑老師似乎以專題方式開講過一次「香港文學」。

13　這位同學是王良和──現在香港文學的中堅作家。他不僅創作卓然有成，也培育了大量青年作者。

料時的震驚：保釣運動原來也曾蔓延到香港，而且聲勢頗大，為甚麼我從來沒有聽說過？是有人蓄意隱瞞？我在大學圖書館找到一本《明報月刊》出版的釣魚臺資料集，可見官方沒有下禁令，那麼後來我完全不知道有這事情，就不是單一力量的禁制了。後來慢慢了解，七十年代原來還有不少社會運動，絕對不是「六七暴動」後，就平安無事直到八十年代。

升大四的暑假，我和幾個不同系的同學結伴到大陸旅行，那是當時大學生以至在職青年流行的活動。1976 年文化大革命結束後，中國進入改革開放的新時期，香港和大陸的民間往來逐漸恢復，在八十年代更掀起一波神州旅遊的熱潮。對 1949 年以後在香港長大的一群來說，這很可能是我們回鄉探親以外的第一次中國體驗。我們以親身經歷對照從前得自傳聞及閱讀的印象，有時證實、有時改變了我們對中國的想法，同時也感受到兩地社會的異同，由此而反省了自身的香港經驗。

我的祖籍是廣東番禺，即現在廣州市的天河區，母親的家鄉是廣東東莞，都和香港相距不遠。[14] 在文革期間我曾經隨父母回去過，但只是探親。八十年代初也到過廣東肇慶七星巖和從化等地遊覽，都是兩三天的行程。直至升大四這一次，我們五

14　從 19 世紀英國統治時期開始，香港就是一個移民社會，大部份人口從鄰近的廣東地區移入。在二十世紀的頭三十年，人口從約三十萬增加至八十五萬，1937 年抗日戰爭後，更激增至一百八十萬，淪陷期間下跌至五、六十萬，但 1946 年年底又回升到一百六十萬，1949 年增至一百八十六萬，1950年初約增至二百三十萬，這還不包括非法入境者。見冼玉儀：〈社會組織與社會轉變〉，王賡武主編：《香港史新編》上冊（香港：三聯書店〔香港〕有限公司，1997 年），頁 158、183、195-196。

個同學暢遊了貴州的貴陽、安順黃果樹大瀑布，雲南的昆明、大理，四川的成都、峨嵋山、青城山、樂山大佛、九寨溝等，歷時三十多天，除了到九寨溝是參加成都的旅行團，其他地方都是自由行。整個行程，不計來回飛機票，只花了不到三千塊港幣，難怪大陸旅行蔚成風氣。

其實在七十年代後期，香港的旅遊熱已經興起，最初的熱門目的地是菲律賓，不久擴展到新加坡、馬來西亞、泰國。但大陸旅行對我們有點不同的意義。有一位六、七十年代之交在香港讀中學的作家方禮年，談到大陸的吸引力時說：「一些曾經是名詞的地方，一下子變得真實起來，連河呀、湖呀，都不再只是地理上的名詞。」[15] 另一位作家兼學者黃國彬表達得更強烈：「出生以來，他從未離開過廣東；故鄉、羊城、澳門、香港是他三十年來唯一的經驗世界。廣東以外的一切，完全是從書本和電影得來的知識。……南嶺以北的世界，十多二十年來，他只能隔著屈原、李白、杜甫、王維、蘇東坡、徐宏祖的文學作品，隔著荊浩、董源、范寬、郭熙、馬遠、夏珪、石濤的山水圖軸去窺探猜度。……有一天，發覺自己竟可以奔赴一千八百七十六公里外的長江口，十多二十年的心理張力剎那間像久蓄高山上的大水下瀉。十多天，他彷彿被捲進了一座飛旋的星雲，受到了平生最大的沖擊。」[16] 黃國彬還有一本《三峽‧

15　方禮年：〈山河〉，《尋覓》（香港：專業出版社，1988 年），頁 169。

16　黃國彬：〈序〉，《華山夏水》（香港：學津書店，1979 年），頁 1。

蜀道‧峨嵋》，[17] 寫登峨嵋山驚險萬狀，我帶着那本書上路，憂心忡忡，結果發現整個峨嵋山都是人，有賣小吃的攤販，有拿着香枝的老婆婆，一星點的危險都沒有。

這次旅行給我很多感受，和中國相關的，是好像一離開廣東省，遇見的人都淳樸可親，儘管也有不講道理的，和我們預想之中仍然相差很遠。那幾年來中英兩國閉門談判香港的前途，在電視上看到中國官員的儀表態度，常常令人激憤，但途中遇見的平民百姓，卻像另一種人。記得九寨溝旅行團的導遊是個大學生，談吐很溫文，我們問他對國家的未來有甚麼看法，他沒有回答，我們説如果像現在這樣走下去，我們就放心了，他笑着説我們現在不是在走路嗎。現在回想，那位大學生似乎仍然不敢隨便談論政治。

從 1985 年起的兩年多，後來稱為大陸的「文化熱」時期，那時政治形勢雖然反覆，但仍有繼續開放的機會。對香港人來説，九七的謎底已經在 1984 年揭開，我們得到的保證還不錯，加上全國似乎向着美好的前景邁進，那就樂觀面對吧。當時我們想像，大陸和香港民間接觸愈來愈多，兩者的隔膜終會消失，香港身份不會是永遠的歸宿。自然誰也想不到 1989 年發生的六四事件會改變了這一切。

大學畢業後，我報考中大的研究院。中學時我喜歡詩詞，大學讀了文字、聲韻學，覺得那些才是實實在在的知識，文學

17　黃國彬：《三峽‧蜀道‧峨嵋》（香港：學津書店，1982 年）。

未免太倚賴悟性了。所以我選讀語言組，跟隨陳紹棠老師研究
《說文解字》。回頭想，究竟這是我個人性格的偏向，當時中文
系重視傳授純粹知識的影響，還是社會因素也起了一些作用？

　　陳紹棠老師是潘重規教授的入室弟子，可算是章黃學派嫡
傳。其實章黃一脈在中文系除了潘、陳兩位老師的小學，還有
五、六十年代伍俶教授傳下的《文選》、《文心雕龍》之學。有趣
的是，民國初年在北京大學與章黃對壘的桐城派，也有傳人曾
克耑教授在中文系桃李滿門。此外，取法西方漢學的有周法高
教授、劉殿爵教授。追溯中大中文系老師的學術淵源，儼然是
中國現代史的側影。其他稍有年月的院系何嘗不是這樣，只可
惜沒有人仔細整理，長輩老成凋謝，那些來龍去脈就永遠消失
了。[18]

　　我在讀碩士期間，第一次參加示威遊行，那是 1988 年的反
對政府強制把中大從四年制改為三年制，參加者大部份是中大
師生和校友。然後就是 1989 年的「六四」，那年五、六月間的遊
行共有多少次，已經忘記了，聲勢當然不是「反四改三」可以相
比。但那些遊行都是秩序井然，沒有引發嚴重衝突。這一傳統
在以後十多年的各種遊行中延續下來，一度被譽為香港人的美
德，直到近年才有相反的看法，認為「和理非非」（和平、理性、
非暴力、非粗口[話]）無濟於事，應該挺身動武。

18　最近出版的鮑紹霖等主編：《北學南移——港台文史哲溯源（文化卷）》（臺
　　北：秀威出版，2015 年）是很有意思的研究計劃。

　　我的博士論文研究對象是三國時代吳人韋昭的《國語解》，由鄭良樹老師指導。鄭老師祖籍潮州，是馬來西亞華人，在臺大中文系獲博士學位，專長子部古籍，也關注馬來西亞的華文教育史及潮州文化。鄭老師擅長書法和山水畫，有一次在長江三峽的輪船上，遇上一個日本書法團體，對方向中國人挑戰書法，鄭老師揮毫後，他們就不寫了。那次旅遊回來，鄭老師畫了多幅三峽圖。說起神州山水，鄭老師總是無限陶醉，並對我很少到大陸旅行覺得不可思議。鄭老師在中大約十五年，退休後回到馬來西亞，擔任南方學院華人族群與文化研究所的所長。鄭老師在中大有很多朋友，包括本地和外地人，可見他很適應這裏的生活。他又由衷地熱愛中國文化，對潮州和馬來西亞華人族群同樣關注。[19] 用現在流行的說法，他是離散華人，但重要的是，多重身份似乎沒有讓他感到難於取捨，我認為這是一件美事。

四、教學時期

　　我在 1997 年回到母校工作。1997 年對香港來說，是非常重要的年份，但象徵的意義遠大於實際，真正的大變化不是在許

19　鄭老師在一本散文集的自序說：「作為海外華裔的一份子，沒有不期盼到舜天禹地的神州去旅遊的；對中文系的人來說，這種期盼更是殷切。……香港人太愛中國了，經常『愛恨交織』，嘗盡許多苦果。我們並不是不愛神州，但是，作為海外華裔，我們保持一段距離，霧裏看花，畢竟沒有『切膚之痛』。」見鄭良樹：《愛山的民族──神州記遊之一》（香港：香港中文大學海外華人研究社，1994 年），頁 1。鄭老師 1988 年 8 月開始在中大任教。

多年之前已經開始，就是在許多年之後才露出跡象。

　　前面說過，1988 年中大師生遊行抗議政府強行把四年制改成三年制，但到了 1992 年，三年制終究成為事實，各學系的課程都要因應改動，我第一個學期任教的「文學史專題」就是改動的其中一個結果。以往中文系開設四個學期的文學史，從先秦到晚清，都是必修課，這時則改為兩個學期的專題，由教師自選不超過一百年的時段，集中講授。我沒有研究過文學史，當然很徬徨，想到比較熟悉的是三國時代，就選擇了漢末的建安時代文學史作專題。建安文學的代表作家是曹操、曹丕、曹植三父子及建安七子，這些人除了七子中的孔融，全都是魏國人，一般文學史著作又說他們具有一種叫「建安風骨」的文學風格。我的博士論文研究三國時一位吳國學者，很自然就為吳國抱不平，想重新檢視全部的史料，看看建安文學史是否可以有另外的寫法。投入這個課題之後，發現它比我從前研究的《說文解字》和古書注釋有趣得多，或許是更適合我的性格吧。

　　簡單地說，我研究建安文學時關注後世的論述和概念怎樣形成，逆溯形成的過程裏有甚麼變化，因為甚麼而變化。我的路數從論文題目即可見一斑：

〈清濁陰陽辨——曹丕「以氣論文」再詮釋〉
〈「建安風骨」術語系列成立基礎的檢討——一個概念的「史前史」〉
〈文學史寫作方式與「建安風骨」論說〉

〈劉師培文學史觀念的轉變──由「建安文學，革易前型」切入〉

那時常常困擾我的是歷史理論家海登‧懷特（Hayden White）的學說。他認為歷史和虛構文學作品的寫作遵從相同的法則，那麼歷史研究可以求得真實嗎？或僅僅是處理文獻材料的遊戲？我的論文解決不了這個大問題，但海登‧懷特的壓力讓我記着歷史總可能有另外的寫法，從較動態的角度理解或質疑主流的說法和概念。這種思考方式在我的其他研究範疇也體現出來，甚至擴散到生活和人生的態度上。所以這次的講題雖然和「香港身份」有關，我仍想特別一提這種想法的起源。而且回想起來，研究建安文學之初，就選擇了解構的進路，顯然和香港九十年代流行的文化理論熱潮有關。早期熱心運用各種文化理論的，大多是受過比較文學訓練的學者，他們除了在學術研究上運用理論，也常在報刊上發表普及的文章，我大概就是這樣耳濡目染，得到了啟發。

文化理論的普及，最初用於分析大眾文化和現代文學作品。我從大學開始就斷斷續續地寫作散文，後來又學寫新詩，1996 年和幾位朋友辦了一本名叫《呼吸》的詩刊，在課業之外也留意現代文學。當時香港的文學刊物正陷於低潮，《呼吸》詩刊出來，得到很多鼓勵，臺灣的商禽、余光中、夏宇、陳克華，香港的梁秉鈞、西西、何福仁等前輩，也都慷慨地把作品交給我們作首次發表。也許因為這緣故，中文系讓我試開一門現代

文學專題課，我就更有理由注意現代文學的情況了。從那時開始，我決定把教研的方向轉到現代文學，又因為盧瑋鑾老師希望我接替她擔任中文系香港文學研究中心的主任，在她的指引下，我更多地關注香港文學，特別是從報刊入手觀察。

現代文學本來就比古典文學與當前社會關係密切，香港文學這個概念到八十年代中期漸受學術界注意——但如上面所説，還未進入正式的課程裏——，最初的研究環繞香港作家的身份來進行，即誰是香港作家？哪些作品算是香港文學作品？劉以鬯先生受公共圖書館委託，編寫《香港文學作家傳略》，以是否擁有香港永久居留權（合法居港七年）作為標準之一，這是法律上的香港居民定義，但用於文學研究需要更深入的思考。[20]

另一位論者戴天，則從心態立論，把「香港作家」、「香港文學作品」分為廣狹二義。狹義的「香港作家」指「土生土長或長期居港的作者」，狹義的「香港作品」指「具有典型香港中國人意識的作品」。但「香港文學作品」也可以取其廣義：「在香港寫作和發表的作品，像解放前由於種種原因，來到此地做文化工作的內地作者所寫，解放初期南來的作者群，儘管在意識形態方面，未曾（亦受時空所限）捕捉經濟發達後的香港中國人意向，

20　劉以鬯〈前言〉：「經過兩小時的討論後，大家同意以下對『香港作家』的界説：（a）持有香港身分證或居港七年以上，曾出版最少一冊文學作品或經常在報刊發表文學作品，包括評論與翻譯。（b）設立一個編審委員會，以便對香港作家的界定作彈性處理，盡量以『廣義』為原則，包括考慮已移居海外的作家。」見劉以鬯主編：《香港文學作家傳略》（香港：市政局公共圖書館，1996 年），頁iii。香港法律規定，合法居港七年者可申請成為永久居民。

且多『國破家亡』的感觸，並不足以代表典型香港意識，也不應排除在外。」[21] 把「典型香港中國人意識」等同於「經濟發達後的香港中國人意向」，現在看來或許需要再討論，但有趣的是，戴天祖籍廣東，出生於毛里求斯，在臺灣求學，參加過《現代文學》雜誌的編務，後來到香港的美國新聞處工作，培養了不少香港的文藝青年，以他的生平經歷，怎樣認同「典型香港意識」、「經濟發達後的香港中國人意向」，實在值得深究。不過當時他是要回應「那些將解放前內地文化人在香港的寫作活動，說成是革命文學一支的觀點」，認為這種觀點「似未曾把香港文學視為具有某種獨特性的文類」。[22] 換言之，是為了替香港文學掙脫附庸的身份。而他反對的觀點，則主要來自大陸的學者。

今天只談個人感受，不能詳細梳理從八十年代到今天「香港身份」的變化。戴天那篇文章，令我感受最深的，是源自香港經濟成就的自豪感。二十多年後，「香港身份」的基礎已經不能完全建立在經濟之上了，舊的論述逐漸失效，新的論述層出不窮，卻都無法解決全部問題。以往的「香港身份」論述是為了解釋我們為甚麼這樣了不起，近年的「香港身份」論述除了空中樓閣般自我陶醉，大多是努力解釋我們今天的淪落其來有自。我較為傾向後面一種，但畢竟是文學研究，不想把作品變成理論的圖解，更不希望以今天認為正確的「香港身份」論述作為評價

21　戴天：〈香港文學別有天〉，香港《信報》副刊，「乘游錄」專欄，1987 年 3 月 21 日。

22　同註 21。

文學的標準。在近幾年的研究中，我最感興趣的，往往是那些在遺忘邊緣的人、偶然發生的事，以及沒有給選上的路徑，這些人和事好像提醒我，今天香港的面貌不是必然的。

讓我舉出幾個例子來說明。六十年代初有一位報紙專欄作家十三妹，以出言爽直及介紹西方文化知識廣受讀者歡迎，張愛玲在〈重訪邊城〉裏提到過她的名字，胡蘭成和她通過好幾次信，周作人也讀過她的專欄──這些人都比她出名得多。十三妹沒有出版過文集，所以在 1970 年去世後，她的言論很快就給忘掉了，只留下一個脾氣古怪、身世神秘的形象。我以她為對象寫了幾篇論文：

〈案例與例外──十三妹作為香港專欄作家〉

〈當胡蘭成遇（不）上十三妹〉

〈本命、前世與分身──作家十三妹的筆名及發表場地考〉

〈粵語入文與雅俗界線──以 1950、60 年代《新生晚報》「新趣」版為考察對象〉

又編了一本選集《犀利女筆──十三妹專欄選》。[23] 十三妹吸引

<hr>

23　〈案例與例外──十三妹作為香港專欄作家〉，《現代中文文學學報》，2008 年，第 8.2-9.1 期「香港文學定位、論題及發展」專號，頁 244-269；〈當胡蘭成遇（不）上十三妹〉，《香港文學》，第 273 期（2007 年 9 月），頁 86-94；〈本命、前世與分身──作家十三妹的筆名及發表場地考〉，《百家》文學雜誌，第 10 期（2010 年 10 月），頁 65-78；〈粵語入文與雅俗界線──以 1950、60 年代《新生晚報》「新趣」版為考察對象〉，文潔華主編：《香港嘅廣東文化》（香港：商務印書館〔香港〕有限公司，2014 年 11 月），頁 2-23；《犀利女筆──十三妹專欄選》（香港：天地圖書有限公司，2011 年）。前兩篇文章後來作為附錄收進《犀利女筆》裏。

我的地方，是她本來不是文學界中人，1949 年後播遷香港，為了求生成為專業作家，但自感和同行格格不入。她的掙扎似乎代表了五、六十年代不少南來者的遭遇，而她的成功則顯示了個人對時代的反擊，雖然那只是一剎的勝利。

我又寫過幾篇關於報紙學生園地副刊的論文，發端是認識了一位前輩區惠本先生。區先生在五十年代讀初中時，偶然發現同班同學在報紙上刊登了一篇文章，非常佩服，從此開始了長期的投稿興趣。追蹤下去，原來他和目前大家推崇的香港文學作家如西西、蔡炎培、崑南等，很早就有交集了。在六、七十年代熱心投稿的圈子裏，很多人都認識他，據說葉靈鳳也在日記裏留下了欣賞的話。區先生因為各種原因，沒有成為著名的作家，但通過他的例子，我幸運地看到了第一代香港成長作家的冒起。

最後是中國現代派詩人徐遲。1938 年抗日戰爭開始後，年輕的詩人和戴望舒兩個家庭從上海來到香港，藉着戴望舒和其他上海來港文人的關係網絡，在很多報紙期刊上發表作品，其中最多後人引述的大概是〈抒情的放逐〉。這篇短文提出因為時代轉變，「人類生活已開始放逐了抒情」，詩也將同樣放逐抒情。[24] 這是徐遲在國家民族危機的壓力下，決心改造自己，接受集體主義的宣言。一年後，徐遲又有一篇〈最後的玫瑰〉，理智

24　香港《星島日報·星座》，1939 年 5 月 13 日；及戴望舒、艾青合編：《頂點》詩刊，第 1 期（1939 年 7 月 10 日）。

上認定「歐美試驗派（Experimentalism）」（如愛爾蘭作家喬伊斯
〔James Joyce〕）走向沒落，是世界政治經濟發展的必然結果，
感情上卻戀戀不捨。[25]1942 年初，日軍攻陷香港，徐遲回到了
內地，參加抗戰。令人深思的是，發表〈抒情的放逐〉後不久，
徐遲曾跟隨一位從事抗日救國宣傳活動的畫家，到內地了解戰
區情況，徐遲晚年的回憶錄透露，那位畫家其實想留在香港，
因為這裏有充份的機會讓他接觸世界上最新的藝術。徐遲評論
說，如果那位畫家留下來，「他必然會成為一個精湛地反映出內
地的抗戰生活來的很出色的畫家，馳譽於中國畫壇，並揚名到
海外，定能起到良好作用」。[26] 這也是徐遲因為戰爭的阻撓，而
無法選上的道路嗎？

五、結語

　　我的父母親在四、五十年代移居香港，我是家族在香港出
生的第一代，這也是很多我的同代人——今天香港的中年一代
——的背景。僅僅是這個背景，我就無法接受太狹窄的「香港
身份」界定。「香港身份」的界定可以放寬到甚麼程度，當然可
以討論，可是「香港身份」的界線在我的經驗裏，卻是愈來愈狹
窄。在我的求學時期，「中國身份」和「香港身份」從不需要二
選其一，到了現在，如果要表明不想放棄其中之一，得費很多

25　香港《大公報‧文藝》，1940 年 6 月 22 日。

26　徐遲：《江南小鎮》（北京：作家出版社，1993 年），頁 305-306。

工夫解釋，並要説明那「中國」是指政權還是文化。我認為這些變化都是客觀的事實，不能否認。但研究文學，即使是研究香港文學，也不一定需要首先界定「香港身份」，就像剛剛提到的十三妹等人，他們各有自己的故事，把那些故事限制在「香港身份」的框架裏敍述，乍看很深刻，其實未免簡化了它們的意義。

後記

研究建安文學實在是意料之外，但留下的記憶非常美好。

在摸索的過程中，有幸遇上不少慷慨扶持的師友。〈清濁陰陽辨〉和〈「建安風骨」術語系列成立基礎的檢討〉承鄧仕樑老師賜閱一遍，惠示高見，鼓勵有加。〈文學史寫作方式與「建安風骨」論說〉的資料由蘇穎添同學協助蒐集。以上三文及〈劉師培文學史觀念的轉變〉都刊登在《中國文化研究所學報》，隱名審稿人匡正不逮，學報高級編輯朱國藩學長費心校正格式、潤飾行文，現在又蒙《學報》允許收入本論文集中。〈沈約《宋書·謝靈運傳論》「子建、仲宣以氣質為體」小議〉曾承南京大學童嶺博士好意，附驥於南京大學《研究生學刊》。附錄的〈在香港「讀中文」〉源於王鈺婷教授邀請赴臺灣演講，乃有在外地自我反省回顧香港經驗的機會。本書獲香港藝術發展局資助出版，該局邀請了陳志誠教授撰寫書稿的評論，陳教授是古典文學研究的前輩，又是我初出茅廬在香港城市大學工作時的上司，讀到他的鴻文，且喜且愧，情商移作序言，幸得應允。幾篇蕪文既有陳教授精準的概括，我也就不必再饒舌了，但獎掖過當之處，顯然出於長者的寬厚，並非事實。香港中文大學文物館的陳冠男博士惠題書名，令拙著增輝。陳博士多年前上過我的文學欣賞

通識課，現在是我的習字老師。最後，莫偉滔同學和梁世韜同學協助校對全書，心細如髮。各位師友的情誼，皆銘感不忘。

這些文章寫成的時間不一，收入本書只統整了格式，行文和內容都沒有重大改動，權作學習階段的紀錄。

責任編輯：羅國洪

封面題字：陳冠男

封面設計：田泥

清濁與風骨——建安文學研究反思

樊善標　著

出　　版：匯智出版有限公司
　　　　　香港九龍尖沙咀赫德道2A首邦行8樓803室
　　　　　電話：2390 0605　　傳真：2142 3161
　　　　　網址：http://www.ip.com.hk

發　　行：香港聯合書刊物流有限公司
　　　　　香港新界大埔汀麗路36號中華商務印刷大廈3字樓
　　　　　電話：2150 2100　　傳真：2407 3062

印　　刷：陽光(彩美)印刷公司

版　　次：2017年11月初版

國際書號：978-988-78402-7-5

香港藝術發展局全力支持藝術表達自由，本計劃
內容並不反映本局意見。